Gelees, Konfitüren
Marmeladen

Monika Zilliken

Gelees, Konfitüren
Marmeladen
100-mal Fruchtgenuss

 Weltbild

Inhalt

Sommer auf Vorrat

Vom Einmachen und Konservieren

Haltbarmachung in früheren Zeiten

Vorräte für den langen Winter anzulegen war bis zur Erfindung des Prinzips der Konservendose und den technischen Errungenschaften wie Kühlschrank oder Tiefkühltruhe eine überlebenswichtige Notwendigkeit. Schon früh beschäftigten sich daher unsere Ahnen mit den unterschiedlichsten Methoden der Haltbarmachung von Nahrungsmitteln. Salzen, Pökeln und Räuchern von Fleisch, Geflügel und Fisch oder das Dörren beziehungsweise Trocknen von Früchten waren neben dem Einlegen von Lebensmitteln in Essig oder auch Öl mit die ältesten Konservierungsverfahren.

Leicht verderblich

Obst zählt seit alters her zu den beliebtesten Vitamin- und Nährstoffquellen. Doch leider ist das Angebot an frischem Obst, besonders an einheimischen Sorten, saisonabhängig und daher zeitlich auf die Haupterntezeit in den Sommer- und Herbstmonaten begrenzt. Außer den ausgesprochenen Lagersorten bestimmter Äpfel und Birnen (zum Beispiel ‚Boskoop‘ oder spezielle Winterbirnen wie die ‚Gräfin von Paris‘) ist Obst nur relativ kurz lagerfähig. Wer auch im Winter oder im zeitigen Frühjahr von den leckeren Früchten naschen wollte, musste sich etwas einfallen lassen – oder darauf verzichten.

Obstkonservierung im alten Rom

Äpfel, Birnen, Weintrauben, Kirschen und Pflaumen wurden bereits in der Antike gerne gedörrt oder im Ofen getrocknet. Manche Früchte konservierte man aber auch, indem man sie mit einer Schicht Gips, Lehm oder Töpferton bestrich. Doch auch Honig oder Honigwasser und Met wurden zur Obstkonservierung eingesetzt. So gibt Marcus Gavinus Apicius, Feinschmecker, Erfinder zahlreicher Rezepte, Verfasser von mindestens zwei Kochbüchern und Zeitgenosse des römischen Kaisers Tiberius (14 bis 37 n. Chr.), der „Sparsamen Hausfrau"Anleitungen, wie man Quitten oder wie man frische Feigen, Äpfel, Pflaumen und Birnen konserviert: „Wähle fehlerfreie Quitten samt Zweigen und Blättern aus, lege sie in ein Gefäß und gieße Honig und **defrutum** darüber: sie werden sich lange halten." – oder „Pflücke die Früchte sorgfältig mit den Stielen und lege sie so in Honig ein, daß sie einander nicht berühren." (Das Kochbuch der Römer, Rezepte aus der „Kochkunst" des Apicius, Wissenschaftliche Buchgesellschaft, 1995.)

defrutum

Die römische Küche verwendete verschiedene Weinpräparationen in ihren Rezepten. Ähnlich wie heute, ließ man den Wein etwas einkochen, um sein Aroma zu verstärken. Im alten Rom gab es hierzu bereits vorbereitete Weine beziehungsweise Traubensäfte, die schon entsprechend eingedickt waren. Unter defrutum verstanden die römischen Köche einen Most, der zu mindestens einem Drittel eingekocht wurde.

Am Zuckersack das Personal – am Herd die Hausfrau selbst: der rechten Zuckermenge wegen, denn Zucker war im späten 19. Jahrhundert noch Luxus.

Von „cumpost" und Latwerge

Aus dem Mittelalter ist uns bekannt, dass Früchte zur Haltbarmachung zusammen mit Honig sowie mit Ingwer oder Galgant (ingwerähnliche, brennend scharfe Wurzel) gewürzt zu „cumpost" eingekocht wurden. Noch weiter eingedickt, erhielt man aus diesen Kompotten eine zähe, dickliche Masse – Latwerge genannt –, die als Konfekt oder zu Heilzwecken benutzt wurde. Besondere Heilwirkung versprach man sich von Latwergen aus Birnen oder auch aus Tannenspitzen, versetzt mit Honig und Gewürz. Noch heute kennen wir in vielen Regionen Deutschlands den Begriff Latwerge, der dann meist ungesüßtes Pflaumen- oder Birnenmus bezeichnet. Ein schönes Beispiel einer mittelalterlichen Rezeptur für eine Latwerge aus Weichselkirschen, eingedickt bis zum Konfekt:

Ein Fladen aus Weichselkirschen

„Wer einen Fladen aus Weichselkirschen machen will, der nehme sie und ziehe die Stiele ab und koche sie in einem Topf im eigenen Saft, bis der Saft verkocht ist. Dann schütte er sie aus und lasse sie abkühlen und schlage sie durch ein Tuch. Und er bestreiche ein Brett gut mit Honig und lege die Kirschen darauf und setze das Brett auf Holz und an die Luft, bis (der Kirschbrei) trocken ist. Hat er keine Luft, so setze er es in einen kühlen Hof. Und schneide (die getrocknete Masse) in Würfel und bestreu sie mit Gewürzen. Und das ist eine Latwerge." (Buoch von guoter spîse, Handschrift in München UB Cod. ms 731.)

Wie beliebt diese Latwergen beziehungsweise Konfekte waren, mag Walter Ryffs „Confect Büchlein und Hauß Apotek" belegen. Neben zahlreichen Rezepturen zur Linderung des einen oder anderen Zipperleins enthält es viele Hinweise beispielsweise zum Kochen von Latwergen oder auch zu in Zucker eingemachten Früchten. Sein 1544 erstmals erschienenes Konfektbuch erlebte bis 1610 allein dreizehn Auflagen! Sogar dem berufsmäßigen „Schwarzseher" Nostradamus (1503 bis 1566), Astrologe und Leibarzt Karls IX., sagte man eine gewisse Schwäche für Süßes nach. So soll er 1555 ein erstes Buch über Konfitüren und andere Spezereien verfasst haben, in dem er ein Gelee aus Kirschen „so durchsichtig und rot wie ein Rubin" beschreibt.

Kandierte Früchte

Die süßen Früchtchen, umhüllt von einer dicken Zuckerkruste, verdanken wir den arabischen Liebhabern süßer Gaumenkitzel. Der Begriff „kandieren" = Früchte einzuckern und dadurch haltbar machen, stammt vom arabischen „quandi"= gezuckert (arab. „quand" = Rohrzucker), den die Italiener übernahmen und zu candi, candito veränderten. Beim Kandieren wird der in den Früchten enthaltene Saft durch Zucker ausgetauscht. Hierzu legt man die Früchte in eine stark konzentrierte Zuckerlösung. Da die Zuckerkonzentration in den Fruchtzellen geringer ist als in der Lösung, findet durch die Zellwände ein Ausgleich statt: Wasser tritt nach außen, im Gegenzug Zucker nach innen. Der hohe Zucker- und nun niedrige Wassergehalt gewährleistet, dass schädliche Bakterien nicht überleben und die Früchte gelagert werden können. Bis es so weit ist, können allerdings gut und gerne 14 Tage verstreichen.

Süße Fruchtaufstriche waren auch bei gekrönten Häuptern sehr beliebt: Kaiser Franz I. sagte man eine besondere Liebe für Quittenmark nach, und Frankreichs König Ludwig XIII. soll sogar eigenhändig in seiner Küche die ein oder andere Konfitüre gerührt haben.

Wie der Zucker nach Europa kam

„Bei der Bereitung solcher Köstlichkeiten standen Honig und Zucker in Rivalität zueinander." (Kulturgeschichte der Kochkunst, Hans Wiswe, München 1970.) Zucker war in Europa zwar bereits seit dem 8. Jahrhundert n. Chr. zumindest in Süditalien bekannt, verbreitete sich allerdings erst zu Zeiten der Kreuzzüge über den ganzen Kontinent. Bis dahin war es jedoch noch ein weiter Weg.

Zuckerhut und Siruppotten aus Cunern (1802 bis 1807), daneben ein Glasmodell zur Hutreinigungsmethode, die, eingeführt durch die Perser, ehemals der einzige Weg zur Herstellung von weißem Zucker war.

Zuckerrohr – ein ostasiatisches Gewächs

Viel wissen wir nicht über den Ursprung der Kultur des Zuckerrohrs. Über eines sind sich die Wissenschaftler jedoch einig: Melanesien gilt als Urheimat des Zuckers. Nirgendwo sonst entdeckte man mehr wildes ursprüngliches Zuckerrohr als dort. Bereits 15000 v. Chr. nahmen die melanesischen Seefahrer Zuckerrohr als Proviant auf ihre Fahrten von Insel zu Insel im Pazifischen Ozean mit. Für die Zeit um etwa 8000 v. Chr. kann man Zuckerrohr auf den neukaledonischen Inseln nachweisen. Erste Nachricht vom Zucker erhielten die Europäer um 300 v. Chr. Die Truppen Alexander des Großen stießen auf ihren Eroberungszügen im Industal auf Zuckerrohranpflanzungen – auf „das Schilf, das Honig hervorbringt ohne Bienen". (Museumsführer, Zucker-Museum, Berlin 1989.)

Der erste gereinigte Zucker

Um 600 n. Chr. gelingt es persischen Medizinern erstmals, gereinigten Zucker und Melasse mit Hilfe eines kegelförmigen Tongefäßes auf einem Siruptopf zu gewinnen. Die heutige Form des Zuckerhuts stammt übrigens von dieser Form des Tonkegels ab.

Der Zucker erreicht das Abendland

Die Araber erlernten von den Persern die Kunst des Zuckersiedens und waren derart von den vielseitigen Möglichkeiten des Zuckers begeistert, dass sie den Anbau des Zuckerrohrs zwischen 650 bis 960 n. Chr. im gesamten Mittelmeerraum einführten. Das Abendland musste jedoch erst noch auf die heimkehrenden Kreuzritter aus Palästina warten, bevor es um 1100 von der süßen Köstlichkeit naschen durfte. Als Haupthafen der Kreuzfahrer profitierte besonders Venedig von den Rückkehrern aus Nahost – zwischen 1100 und 1500 ist Venedig Haupthandelszentrum für Zucker. Mit der Verbreitung des Zuckers steigt sein Verbrauch.

Auch das Wissen um die keimtötende und konservierende Wirkung von Zucker verdanken wir findigen Köpfen aus dem asiatischen und orientalischen Raum. Sie entdeckten um das Jahr 1000 n. Chr., dass in einer gesättigten (hochkonzentrierten) Zuckerlösung eingelegt oder eingekocht die Lebensmittel eine längere Lagerung gut überdauern. Eine Erfahrung, die man sich im europäischen Raum mit Hilfe des Honigs seit der Antike ebenfalls zu Nutze machen wusste.

Luxus für die Reichen

Zucker blieb jedoch noch lange ein teures Importgut, in erster Linie Heilmittel und in zweiter Linie ein ziemlich kostspieliges Genussmittel. So wird das „weiße Gold" im ältesten niederdeutschen Kochbuch aus dem 15. Jahrhundert zwar schon erwähnt, seine Verwendung gilt aber bis weit in das 19. Jahrhundert hinein noch als Zeichen der Verschwendungssucht.

Zucker zählte, ähnlich wie Salz und edle Gewürze, lange Zeit zu den kostbaren Luxusgütern der finanzkräftigeren Oberschicht und wurde nach seiner Einfuhr zunächst als Heilmittel eingesetzt. Zum Süßen verwendete man bis weit ins hohe Mittelalter hauptsächlich Honig.

11 Pfund Zucker für ein Pferd

Abrechnungen des Stifts Klosterneuburg bei Wien aus dem Jahr 1420/21 belegen, dass Zucker in jener Zeit nur etwas für die Wohlhabenden war: So kosteten 1 Pfund Zucker 16,8 Kreuzer, ein Pfund Pfeffer 26 Kreuzer, ein Pfund Zimt etwa 40 Kreuzer und ein Pfund Safran schlug mit wackeren 180 Kreuzern zu Buche.
Zum Vergleich: ein Pferd wechselte bei 180 Kreuzern seinen Besitzer – ein Gegenwert von umgerechnet 11 Pfund Zucker. Dazu unser heutiger Pro-Kopf-Verbrauch in einem Jahr: 66 Pfund Zucker! Wer mag, kann sich nun ausrechnen, wie viele Pferde er dafür kaufen könnte.

Zucker und Obst – eine innige Liebe

Die konservierende Eigenschaft des Zuckers passt hervorragend zu den natursüßen Köstlichkeiten und das Einkochen und Einlegen von Obst erfreut sich bis in unsere Zeit großer Beliebtheit.

raffinieren
[franz.]
reinigen, veredeln.

Sowie der Zucker Einzug ins Abendland hielt, setzte man ihn – wie bereits geschildert – daher auch gerne zur Konservierung von Früchten ein. Zu einer weit verbreiteten häuslichen Tätigkeit wurde die Zubereitung von Konfitüren und Gelees jedoch erst, als **raffinierter** Zucker allgemein verfügbar und vor allem erschwinglich war. Bis dahin mussten die Früchte mit rohem Zucker oder auch mit Honig vermischt eingekocht werden. Die Bezeichnung Marmelade verdanken wir übrigens den Portugiesen. Sie nannten ihr eingemachtes Quittenmus „Marmelada", einer Ableitung des portugiesischen „marmelo", was Quitte beziehungsweise Honigapfel bedeutet. Im England des frühen 18. Jahrhunderts wurde dann das portugiesische „Marmelada" in abgewandelter Form als „marmalade" für den beliebten Fruchtaufstrich aus bitteren Orangen übernommen.

Von der Vorratshaltung zum kreativen Hobby mit Gesundheitsaspekt

Den heutigen Marmeladenkochern und Konfitürenliebhabern geht es mittlerweile weit weniger um die Verwertung des sommerlichen Obstsegens – die aufwendige Vorratshaltung hat uns dankenswerterweise die Industrie abgenommen –, es geht uns dabei meist um ganz andere Gründe. Zum einen lassen sich preiswerte Gaumenfreuden ganz nach individuellen Vorlieben und Geschmacksrichtungen zaubern oder traditionelle Rezepte erfahren auf diese Weise eine Wiederbelebung. Zum anderen, und mit dem steigenden Ernährungs- und Gesundheitsbewusstsein fast noch wichtiger, können wir beim Selberkochen der süßen Brotaufstriche über die Herkunft der Früchte – aus eigenem Anbau, vom Biobauer etc. – selbst bestimmen. So haben wir es weitgehend persönlich in der Hand, möglichst schadstofffreies Obst zu verwenden, und können es außerdem noch vitaminschonend sowie naturrein zubereiten. Ein weiterer Aspekt: Schleckermäuler unter Ihren Freunden und Verwandten lassen sich sicher gerne mit Geschenken aus der eigenen Küche überraschen. Das Einmachen als Vorratshaltung verändert sich so betrachtet zu einem kreativen Hobby.

Hausfrau, bedenk' zur Einmachzeit,
nur Zucker bürgt für Haltbarkeit.
Fehlt Zucker an der Marmelade,
so ist es um die Früchte schade.

Was Großmutter schon genau wusste: Ohne Zucker geht es nicht!

Gesunde Marmelade – gibt es das?

Zugegeben, was Marmelade mit Gesundheit zu tun haben könnte, erschließt sich nicht sofort auf den ersten Blick. Haben wir doch gelernt, dass der Zuckerkonsum in unserer Gesellschaft sowieso viel zu hoch ist, dass Zucker Karies verursacht, zu Übergewicht führen kann, als Risikofaktor für Arteriosklerose gilt und wahrscheinlich nicht unwesentlich an der Entstehung von Diabetes beteiligt ist.

Zucker – leer, unnütz und ungesund?

Zucker verbraucht für seinen eigenen Stoffwechsel Vitamine (Vitamin B_1), enthält selbst jedoch weder Vitamine, Mineralstoffe noch Spurenelemente – ist also eigentlich als „leerer" Kalorienträger ein ziemlich „unnützer" Geselle. Und dennoch – Zucker ist Geschmacksträger, konserviert, verhindert den schnellen Abbau von Vitaminen und Nährstoffen, bewahrt das Aroma und zeichnet sich durch den Erhalt der Fruchtfarbe aus.

Ohne ihn geht es also nicht ...

... aber mit erheblich weniger, als unsere Großmütter gewohnt waren einzusetzen. Insofern können Sie den Zuckergehalt so gering wie möglich und so hoch wie nötig dosieren. Und wenn

Sie möchten – es funktioniert sogar gänzlich ohne Zucker. Diese Marmeladen, ob roh gerührt oder mit Hilfe spezieller Zuckeraustauschstoffe gekocht, sind allerdings lange nicht so haltbar wie die üblichen (siehe Seite 24 bis 25).

„Gesunde" und einwandfreie Ausgangsware

Bei selbst gekochter Konfitüre weiß man um die Inhaltsstoffe. Viele industriell hergestellten Konfitüren enthalten Zusatzstoffe, die eigentlich gar nicht notwendig wären.

Ein gewichtiger Grund für das Selbermachen von Marmeladen und Konfitüren: Sie haben alles höchst persönlich in der Hand. Sie bestimmen, welche Früchte aus welchem Anbau in die Gläser kommen. Und was die wenigsten Verbraucher wissen dürften: Der Hauptteil der industriell hergestellten Marmeladen und Konfitüren erfolgt unter Einsatz von tiefgefrorenen beziehungsweise hitzesterilisierten (Dosenware) oder SO_2-konservierten – also geschwefelten – Früchten.

„Fremdstoffe" – warum und wozu?

Wer sicher gehen möchte, in seinen Marmeladen und Konfitüren möglichst wenig „Fremdstoffe" vorzufinden, der wird sich gerne der wenigen Mühe des Selber-Einkochens unterziehen. In industriell gefertigten Marmeladen, Konfitüren und Gelees finden sich zahlreiche Vertreter der so genannten „E"-Nummern. Diese im Bereich der EU einheitlich gehandhabten Erkennungsnummern bezeichnen Substanzen, die Lebensmitteln unter bestimmten Voraussetzungen zugesetzt werden dürfen. Alles gesetzlich geregelt durch spezielle Richtlinien und Verordnungen – hier durch die Zusatzstoff-Zulassungsverordnung. Erlaubt sind je nach Konfitüren- oder Marmeladenart neben dem Geliermittel Pektin: Salze der Milchsäure, Zitronen- oder Weinsäure zur Regulierung des pH-Wertes (beeinflusst den Gelierprozess) und zur Konservierung Stoffe wie beispielsweise die Sorbinsäure (E 200) oder andere Sorbate und Benzoate. Zur Färbung sind Farbstoffe wie etwa das Cochenillerot A (E 124) zugelassen. Auch der Zusatz von Süß- oder Zuckeraustauschstoffen ist entsprechend geregelt.

Konservierungsmittel und Farbstoffe – eigentlich nicht nötig

Interessant ist in diesem Zusammenhang die Aussage eines Pektinherstellers, dass der Zusatz von Konservierungsmitteln bei den geforderten hohen Trockensubstanzen (mindestens 60 Prozent) nicht vorgesehen noch nötig ist. Unter Trockensubstanz ist hier der Zuckeranteil zu verstehen. Da darf man sich wohl fragen, warum man diese Konservierungsstoffe dann trotzdem in nahezu jeder Konfitüre findet? Auch der Farbstoffzusatz ist eigentlich nicht notwendig – er schmeichelt höchstens dem Auge, das bekanntlich mitisst.

Zusatzstoffe in Gelierzuckern und -hilfsmitteln

Nicht verschwiegen werden soll, dass leider auch in den handelsüblichen Gelierzuckern und diversen -mitteln sich einiges tummelt, was dort im Grunde wenig verloren hat. Wieder stößt man bei fast allen Produkten auf die Sorbinsäure als zusätzliches Konservierungsmittel. Daneben finden sich gehärtetes Fett und Mono- sowie Diglyceride von Fettsäuren – zugefügt, um die Schaumbildung während des Kochvorgangs zu verhindern. Eigentlich ein ziemlicher Unfug, weil die Schaumbildung vom individuellen Eiweißgehalt der verwendeten Früchte abhängt. Es schäumt also einmal mehr und einmal weniger – Unterschiede, auf die ein Fertigprodukt wenig Rücksicht nehmen kann. Und wie einfach lässt sich doch der Schaum ganz ohne Zusatzstoffe bekämpfen: abschöpfen per Schaumkelle. Dass man dies auch tun sollte, dazu im nächsten Kapitel mehr. Am reinsten stellt sich vergleichsweise der normale Gelierzucker vor – doch mit ihm lassen sich leider keine zuckerreduzierten Marmeladen bereiten.

Unsere Großmütter kochten sich in Ermangelung der modernen Gelierhilfen und um die Zuckerkosten in Schach zu halten ihr eigenes Pektinkonzentrat aus pektinreichen Früchten und setzten es je nach Obstsorte beim Marmeladenkochen dem Kochgut zu.

Trotz der beschriebenen Mängel der Gelierhilfsmittel können Sie jedoch durch das Selberkochen die Summe der Fremdstoffe in erträglichen Maßen halten. Isoliertes, reines Pektin wäre natürlich der beste Helfer und die beste Wahl. Es wird leider nur äußerst selten angeboten. Vielleicht fragen Sie einmal in Ihrer Apotheke nach. Alternativen bieten in Naturkostläden erhältliches Agar-Agar oder auch Unigel.

Was die Früchte zum Gelieren bringt

Von Zucker, Pektin und Zitronensäure

Als Zucker noch eine Rarität war

Zucker – vor 150 Jahren noch eine wahre Kostbarkeit – gehört heute zu den Grundnahrungsmitteln. Ob zum Backen, Würzen oder Einmachen, Zucker fehlt in keiner Küche. Das war aber nicht immer so. Fester Zucker als Produkt aus dem Zuckerrohr scheint erst im Persien des 6. bis 7. Jahrhunderts n. Chr. bekannt zu sein. Und bis man seine konservierende Wirkung erkennt, vergehen bis zur Jahrtausendwende etwa weitere 300 Jahre. Die vielen von uns bekannte Zuckerrübe wird erst seit Mitte des 18. Jahrhunderts in Deutschland angebaut.

Dem Berliner Apotheker Andreas Sigismund Marggraf gelang es 1747 als Erstem nachzuweisen, dass der in der Runkelrübe enthaltene Zucker mit dem des Zuckerrohrs identisch ist. Franz Carl Achard (1753 bis 1821), Mitglied der Preußischen Akademie der Wissenschaften, erkannte den wirtschaftlichen Nutzen und gilt als Vater der Rübenkultur sowie Begründer der Rübenzuckerindustrie. Er überzeugte seinen pragmatischen König Friedrich Wilhem III. von Preußen, unter dessen Schirmherrschaft der Zuckerrübenanbau gefördert wurde – in weiser Voraussicht, wie sich herausstellen sollte. Denn Napoleons Ringen um die Vorherrschaft in Europa veranlasste diesen zur Kontinentalsperre gegen Großbritannien, die wiederum das europäische Festland von den Zuckerrohrlieferungen des britischen Kolonialreichs abschnitt und so dem Zuckerrübenanbau zu unverhofftem Aufschwung verhalf. Nach Aufhebung der Sperre brach die Rübenindustrie zwar zunächst wieder völlig zusammen, um dann aber ab 1830 wieder aufzublühen. Durch Verbesserungen der Rübenqualität konnte die Zuckerrübe auch preislich mit dem Zuckerrohrzucker konkurrieren, sodass der Rübenzucker heute ungefähr 45 Prozent der Weltproduktion ausmacht.

Andreas Sigismund Marggraf (1709 bis 1782), Entdecker des Zuckers in der Runkelrübe, war der berühmteste Chemiker seines Jahrhunderts im deutschsprachigen Raum. Er war Lehrmeister und Förderer von Franz Carl Achard, dem Vater der Zuckerrübenzüchtung.

Zucker aus Rüben

Die Runkelrübe ist die Urform der heutigen Zuckerrübe. Durch konsequente Zuchtbemühungen gelang es im Laufe der Jahrzehnte, den ursprünglichen Zuckergehalt von etwa 8 Prozent auf bis zu 21 Prozent zu steigern.

Kristalline, wasserlösliche, meist süß schmeckende Kohlenhydrate (Mono- und Oligosaccharide) werden Zucker genannt. Im engeren Sinne verstehen wir allerdings unter Zucker das Disaccharid Saccharose, das aus Zuckerrüben (Rübenzucker) und/oder Zuckerrohr (Rohrzucker) gewonnen wird.

Bei der in Deutschland gängigen Zuckergewinnung aus Rüben werden die Rüben in den Zuckerfabriken gewaschen und geschnitzelt. Der Zuckerentzug erfolgt durch Diffusion aus den eingemaischten, das heißt, reichlich mit Wasser versetzten und auf 80 °C erhitzten Schnitzeln, die nach der Auslaugung noch abgepresst als Viehfutter dienen.

Der gewonnene Rohzuckersaft wird gereinigt, auf 65 bis 68 Prozent Trockensubstanz eingedampft, erneut gefiltert, wieder eingedickt und zur Kristallisation gebracht. Die Kristalle werden abzentrifugiert. Der eiweißreiche, zuckerhaltige Rückstand, die Melasse, wird ebenfalls in der Viehfutterverwertung eingesetzt. Der noch bräunliche Rohzucker erfährt in der Weißzuckerfabrikation eine weitere Reinigung – er wird raffiniert.

Die Zuckerrübe ist in den gemäßigten Klimazonen die zuckerreichste Pflanze.

Welche Rolle spielt der Zucker?

Zucker verhilft den Früchten nicht nur zu einem besseren Geschmack, sondern macht sie auch haltbarer. Ab einer bestimmten Zuckerkonzentration – mindestens 60 Prozent – tötet Zucker die Mikroorganismen ab, die sonst den Fruchtzucker gären und die Früchte verderben lassen würden. Hydratation – Wasseraufnahme – ist die wirksame Waffe gegen Fäulnis und Verderben. Den Mikroorganismen wird durch den Zucker das zum Leben notwendige Wasser genommen (zunächst aus den Früchten), in der hohen Konzentration sogar ihr Eigenwasser, sodass sie absterben.

Darüber hinaus bindet der Zucker aufgrund seiner chemischen Zusammensetzung den noch in den Gläsern befindlichen Luftsauerstoff – folglich wird den mit Sauerstoff lebenden Bakterien ebenfalls die Lebensgrundlage entzogen. Wertvolle Schützenhilfe leistet der Zucker daneben auch noch dem Pektin, indem er ihm Wasserstoff entzieht und somit die gelbildende Wirkung des Pektins unterstützt. Außerdem verhindert der Zucker den schnellen Abbau von Vitaminen und Nährstoffen und erhält Farbe sowie Aroma der Früchte.

Pektin – der Stoff, der Pflanzen Halt gibt

Pektin ist im Wesentlichen ein aus Galakturonsäure aufgebautes, stark gelierendes Polysaccharid. Es dient allen höheren Pflanzen als wichtiger Baustein ihrer Zellwände, gibt ihnen Halt sowie Struktur und kommt besonders reich in fleischigen, unreifen Früchten vor wie beispielsweise Quitten, Äpfeln, Johannisbeeren, aber auch in Zuckerrüben. Aufgrund ihrer Fähigkeit, Moleküle gelartig und elastisch miteinander zu verbinden, sorgen die Pektine dafür, dass Pflanzeninhaltsstoffe wie Fruchtsäfte nicht flüssig sind, sondern zu gallertartigen Zwischenmassen gebunden vorliegen. Somit könnte man die Pektine auch als eine Art „Zellkitt" bezeichnen, welcher das Gerüst des Pflanzengewebes zusammenhält.

Pektin ist nicht gleich Pektin

Die Nahrungsmittelindustrie kennt verschiedene Pektintypen. Unter anderem hoch**veresterte** Pektine, die nur mit viel Zucker gelieren, sowie niederveresterte Pektine, die auch mit geringerer Zuckergabe zufrieden sind und trotzdem gelieren. Dazu brauchen Letztere allerdings die Unterstützung von zusätzlichem Kalziumsalz, das in diesem Fall den Brückenbau, die Vernetzung zwischen den Molekülen zum Gel bewirkt.

Ester
Stoffgruppen, die sich aus organischen (und anorganischen) Säuren und Alkoholen unter Abspaltung von Wasser bilden.

Amidiertes Pektin

In fast allen Gelierhilfsmitteln und Gelierzuckern finden Sie amidierte Pektine. Dieser besondere Pektintyp ist relativ unempfindlich und daher für den „Hausgebrauch" und das Marmeladenkochen ohne großes technisches Steuerungsequipement – wie in der Industrie üblich – sehr gut geeignet. Er geliert trotz geringer Kalziumkonzentration (meist reicht das fruchteigene Kalzium aus), gibt sich mit wenig Zucker zufrieden, die Geliertemperatur bleibt stabil und auch die Abfülltemperatur spielt nur eine geringe Rolle in Bezug auf eine erfolgreiche Gelierung.

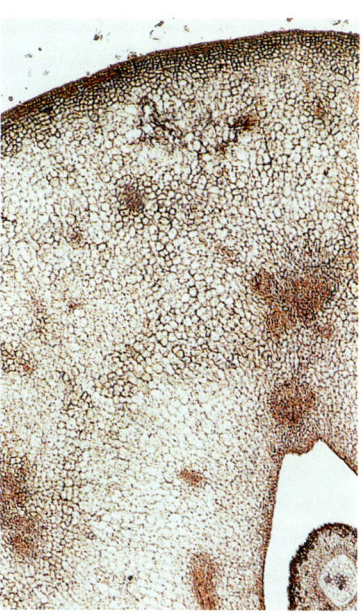

Makroaufnahme einer Apfelscheibe: Pektine bilden durch ihre Verknüpfung miteinander ein elastisches, leicht veränderliches Gerüstwerk.

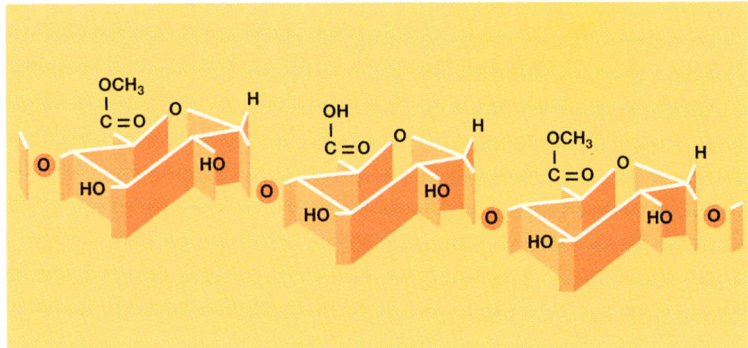

Molekülkettenbildung der Galakturonsäure zu Pektin.

Pektinquellen

Industriell wird Pektin mit großem technischem Aufwand aus Apfeltrestern, Zitrusschalen, Sonnenblumenfruchtständen sowie Rübenschnitzeln gewonnen. Es dient als Dickungsmittel zur Herstellung von Marmeladen und Gelees, dabei verkürzt es die Kochzeit und wirkt somit vitaminschonend. Aber auch bei der Zubereitung von Speiseeis, Puddingpulvern, Saucen und Tortengüssen sowie in der Kosmetik- und Pharmaindustrie wird Pektin erfolgreich eingesetzt.

Aller guten Dinge sind drei – die Zitronensäure

Die wichtigsten Pektinlieferanten: Sonnenblumen, Rüben, Äpfel und Zitronen.

Festiger Nummer drei und zuverlässiger Geschmacksverbesserer ist die Fruchtsäure. Ihr Gehalt im verarbeiteten Obst hängt vom Reifegrad und der jeweiligen Obstsorte ab. Deshalb muss sie unter Umständen je nach Rezept in Form von kristalliner Zitronensäure oder Zitronensaft zugesetzt werden. Grüne Äpfel, Johannisbeeren und unreife Stachelbeeren besitzen beispielsweise viel Fruchtsäure – Erdbeeren, Aprikosen und Holunderbeeren bilden dagegen die Schlusslichter in den Charts der Fruchtsäuren.

Was geschieht beim Marmeladekochen?

Unter Zufuhr von Zucker werden die Früchte oder die Fruchtsäfte so lange gekocht, bis sie genügend eingedickt sind, also genügend Wasser verdampft ist, und das Obst beziehungsweise der Saft zu gelieren beginnt.

Für das Gelieren zeichnet das in allen Pflanzen vorkommende Pektin verantwortlich (Seite 19 bis 20). Damit es allerdings überhaupt ein Gel bildet, braucht dieser „Zauberstoff" Hilfe, und die bekommt er durch den Zucker sowie durch die Zitronensäure. Da alle Früchte einen natürlichen Gehalt an Zucker und Fruchtsäure aufweisen, reicht es im Grunde, den eigenen Zuckergehalt durch das Verdampfen der Flüssigkeit – durch das Kochen – so weit anzuheben, bis das in der Fruchtmasse natürlich enthaltene Pektin zu gelieren beginnt. Das kann sich jedoch zu einer ziemlich langwierigen Angelegenheit entwickeln – vielleicht erinnern Sie sich noch an das stundenlange Einkochen von Marmeladen und Gelees bei Großmuttern?

Je mehr Pektin – desto besser das Gelieren?

Wie schnell und wie gut die Marmelade geliert, ist hauptsächlich vom Pektingehalt der Früchte abhängig, und dieser wird zunächst von der Fruchtart, dann jedoch auch noch vom jeweiligen Reifegrad bestimmt. Unreife Früchte besitzen zum Beispiel einen weitaus höheren Pektingehalt als reifes Obst. Mit zunehmender Reife wird das in den Früchten enthaltene Pektin durch Enzyme abgebaut – typischer Effekt: das Fruchtfleisch wird weich.

Aus dem Ganzen könnte man nun schließen, dass der Gelierprozess umso besser gelingt, je mehr Pektin eingesetzt wird. So einfach ist das dann doch wieder nicht, da die optimale Gelierung auf direktem Weg über die Mengenverhältnisse von Früchten, Zuckerart, Wasser, Säure und Pektin beeinflusst wird.

Säure und Süße greifen ein

Vom Effekt der Früchte bezüglich des Pektingehalts war gerade die Rede. Aber auch die Fruchtsäure und der Zuckergehalt des Obstes greifen unmittelbar in das Gelierverhalten ein – wieder abhängig vom Reifezustand. Die fruchteigene Säure

INFO

Chemiker des Labors für Aromaforschung in Dijon stellten fest, dass Konfitüren, denen zum fruchteigenen Pektin kein zusätzliches Geliermittel zugesetzt wurde, die wenigsten Geschmacksverluste aufwiesen.

nimmt während der Reifung ab, wie im Gegenzug der Zucker-gehalt wächst.

Der Säuregrad beeinflusst unmittelbar die Gelierung sowie die Festigkeit des Gels. Die Lebensmitteltechnologie fand einen pH-Wert von 2,8 bis 3,1 als den günstigsten für Gelierung, Ge-schmack und Haltbarkeit der Konfitüren heraus. So genau brauchen wir es nun nicht – uns reicht zu wissen, dass der Ge-liervorgang unterstützt wird, indem man säurearmen Früch-ten Zitronensaft oder Zitronen- beziehungsweise Weinsäure zusetzt.

Einfluss der Zuckerart

Je nach verwendeter Zuckerart wird Hilfe notwendig. Zucker-austauschstoffe wie Fruktose (im Diabetikergelierzucker ent-halten) oder Sorbit oder auch Süßstoffe (Saccharin, Cyclamat) verbrauchen zum Gelieren mehr Kalzium als der normale Haushaltszucker. Dementsprechend kann eine mit solchen Zuckern zubereitete Marmelade unter Umständen eine flüssi-gere Konsistenz und weichere Textur aufweisen. Außerdem sind diese Gele nicht ganz so widerstandsfähig. Vielleicht ha-ben Sie es schon selbst beobachten können: Besonders in den zuckerverminderten Konfitüren tritt Wasser, Saft aus, wenn sie einmal angebrochen sind. Der Grund ist relativ simpel, die nicht ganz so stabilen Gelverbindungen werden „verletzt", re-generieren sich nicht wie in anderen Marmeladen und daher kann vorher gebundene Flüssigkeit austreten.

Ein nicht unwichtiges Kriterium für eine ge-lungene Konfitüre ist deren Konsistenz oder Textur. So konnte nachgewiesen wer-den, dass ein direkter Zusammenhang zwi-schen Geschmack und Konsistenz besteht. Streichbar und ge-schmeidig-fest sollte sie sein. Denn zu feste Gele binden die Aro-mastoffe und blockie-ren deren Verteilung mit der Folge, dass sich die Geschmacks-qualität verschlech-tert. Zu flüssig ist ebenfalls uner-wünscht, die Konfi-türe läuft vom Brot.

Frucht	Pektingehalt		
	wenig	mittel	viel
Apfel			x
Aprikose		x	
Berberitze			x
Birne		x	
Brombeere		x	
Eberesche			x
Erdbeere	x		
Heidelbeere		x	
Himbeere		x	
Holunderbeere	x		
Johannisbeere			x
Kirsche	x		
Kiwi	x		
Mirabelle		x	
Pfirsich		x	
Pflaume		x	
Preiselbeere			x
Quitte			x
Reneklode		x	
Rhabarber	x		
Sanddorn		x	
Stachelbeere, reif		x	
Stachelbeere, unreif			x
Weintraube	x		
Zitrusfrüchte		x	

TIPP

Mischen Sie pektinarme Früchte mit pektinreichen Früchten. Solche Fruchtmischungen ergeben nicht nur interessante und wohlschmeckende Geschmacksvariationen. Auf diese Weise gelieren selbst Fruchtsorten mit wenig Pektingehalt zur gewünschten Festigkeit.

Gelierhilfen

Dank moderner, praktischer Zutaten und unterschiedlicher Gelierhilfen beziehungsweise Gelierzucker lassen sich aus so gut wie allen Früchten vitaminschonend und zeitsparend köstliche Konfitüren zaubern.

INFO

Gelierzucker besitzt nur eine begrenzte Haltbarkeit, da er neben Zucker noch andere Zutaten (zum Beispiel Pektin) enthält. Das Mindesthaltbarkeitsdatum bezieht sich auf die Gelierkraft, die nach Ablauf dieses Datums immer mehr abnimmt. Übrig gebliebener Gelierzucker kann aber auch bei anderer Verwendung nützlich sein: Schlagsahne bekommt einen fruchtigen Geschmack; Quarktorten und -aufläufe werden lockerer und bekommen mehr Festigkeit; Obstsalate erhalten eine erfrischende Note und Zwiebeln werden besonders kross, wenn man sie nach dem Glasigwerden mit Gelierzucker bestreut.

Gelierzucker

Am beliebtesten ist der schon seit über 70 Jahren bekannte Gelierzucker. Dieser aus Raffinade (weißem Haushaltszucker) bestehende Zucker enthält bereits auf die Zuckermenge exakt abgestimmt Obstpektine und Weinstein oder auch Zitronensäure als zusätzliche Säuerungshilfe. Diese Zusätze gewährleisten, dass Ihnen ohne lange Kochzeiten und dabei kinderleicht leckere Marmeladen und Konfitüren gelingen. Dieser Zucker kommt ohne Konservierungsstoffe aus und garantiert trotzdem eine hohe Haltbarkeit.

Zuckersparende Gelierzucker

Wenn Sie auf die Kalorien achten müssen oder sich ganz einfach kalorienbewusster ernähren möchten, dann sollten Sie zu zuckersparenden Geliermitteln greifen. Diese „Spezial-Gelierzucker" kommen mit der Hälfte der sonst üblichen Zuckermenge aus. Vorteil: Die Marmelade enthält weniger Kalorien und schmeckt meist fruchtiger als ihre süßere Verwandtschaft. Nachteil: Die Menge an Zucker reicht nicht für eine dauerhafte Konservierung – daran ändert auch die zugefügte Sorbinsäure nicht viel. Die so hergestellten Marmeladen halten sich daher nicht ganz so lange und verlieren auch wesentlich früher an Farbe. Letzteres ist allerdings ohne Einfluss auf den Geschmack.

Zuckeraustauschstoffe

Besonders kalorienbewusste Genießer oder Diabetiker greifen zu speziellen Diät-Gelier-Fruchtzuckern. Dieses Gemisch aus Fruchtzucker und Sorbit, manchmal auch noch mit Süßstoffen versehen, enthält ebenfalls Pektin sowie Zitronensäure und wird wie der normale Gelierzucker verwendet.

Geliermittel

Selbstverständlich können Sie auch normalen Haushaltszucker einsetzen. Trotzdem sollten Sie dann zusätzlich Geliermittel verwenden, die helfen, die Kochzeit erheblich zu verkürzen, und damit Nährstoffe und Aroma der Früchte schonen. Der Handel bietet spezielle Gelierpulver an.

Gelierpulver

Diese Pulver enthalten ein ausgewogenes Gemisch aus Pektin, Zitronensäure und Traubenzucker und werden mit Zucker vermischt unter die Fruchtmasse verrührt. Auch hier erhalten Sie im Handel verschiedene Produkte vom klassischen Pulver über die „2 + 1"-zuckersparende Variante bis hin zur „Light"-Version, die sogar mit nur 250 Gramm Zucker auf 1 Kilogramm Fruchtmasse auskommt.

Agar-Agar

Inhaltsstoffe der Rotalgen liefern das Geliermittel Agar-Agar. Aufgrund seiner hohen Wasserbindungskapazität geliert das meist in Pulverform vorliegende Agar-Agar hervorragend und wird daher gern als Dickungsmittel für Saucen, Speiseeis, Marmeladen und Gelees, aber auch zum Klären von Wein oder Obstsäften eingesetzt (7,5 Gramm Agar-Agar entsprechen einer Gelierkraft von 6 Blatt Gelatine).

Agar-Agar wird kalt angerührt und dann der gekochten Konfitüre zugegeben. Übrigens: Der Gelierprozess dauert unter Umständen einige Tage, bewahren Sie Geduld.

Unigel

Dieses in der Öko-Küche gern verwendete, rein pflanzliche Geliermittel besteht aus Apfelpektin und Fruchtzucker und wird wie Agar-Agar in die heiße Fruchtmasse eingerührt. Zitronensaft fördert das Gelieren und verbessert das Aroma. Die 30-g-Tütchen reichen für 1 Kilogramm Früchte oder 1 Liter Saft aus und sind in den meisten Naturkostläden beziehungsweise Reformhäusern erhältlich.

TIPP

Bitte richten Sie sich stets nach der Gebrauchsanweisung der jeweiligen Packung, denn die Kochzeiten – ganz gleich, welches Gelierhilfsmittel Sie einsetzen – variieren je nach Hersteller.

Flüssiges Pektin

Vielleicht kennen Sie noch aus eigener Erfahrung oder auch aus älteren Rezeptsammlungen die flüssigen Geliermittel, meist identisch mit der so genannten Normalflasche flüssiger Gelierhilfe. Laut Herstellerinformation wurde die Produktion dieser ausschließlich aus flüssigem Pektin und separat verpackter Zitronensäure bestehenden Hilfen vor kurzem eingestellt; sie sind nicht mehr im Handel erhältlich. Gelierpulver und Spezialzucker haben ihnen offensichtlich den Rang abgelaufen.

Bevor es losgeht

Geräte und die Vorbereitung

Die Utensilien

Das nötige Handwerkszeug zum Kochen von Marmeladen, Konfitüren und Gelees dürften Sie aller Wahrscheinlichkeit nach bereits in Ihrer Küche vorfinden: ein scharfes Küchenmesser, ein hoher, breiter Kochtopf, ein Rühr- sowie ein Schöpflöffel und natürlich einige leere Gläser. Trotzdem gibt es das ein oder andere, was Ihnen das Leben leichter machen kann, und zum Thema Gläser möchte ich im Anschluss noch einmal separat kommen.

Praktisches zum Vorbereiten der Früchte

Bewährte Helfer zum genauen Abmessen der Zutaten und Früchte sind eine Küchenwaage und ein Messbecher. Das gewaschene Obst tropft am besten in einem Durchschlag (Sieb) ab, wobei größere Früchte schnell mit Küchenkrepp trockengetupft sind.

Je nach Fruchtart brauchen Sie eventuell ein Schälmesser und bei der Verarbeitung von Kirschen oder Pflaumen macht sich ein entsprechender Entsteiner nützlich.

Zum Pürieren der Früchte bieten sich verschiedene hilfreiche Geister an. Weiche Obstsorten lassen sich bereits gut mit der Gabel oder dem Kartoffelstampfer zerquetschen, einfacher geht es natürlich mit dem Handmixer oder Pürierstab. Bereiten Sie größere Mengen von „härterem" Obst vor, dürfte eine Küchenmaschine mit den passenden Schneidescheiben beziehungsweise Passiervorsätzen die erste Wahl sein oder aber auch ein Fleischwolf.

Wer weder Kerne noch unerwünschte Häutchen und Schalenreste in seiner Marmelade mag, dem hilft die Flotte Lotte oder ein feinmaschiges Sieb, durch das die Fruchtmasse passiert wird. Schalen, Kerne, Stiele bleiben im Trester zurück.

Der Einkochtopf

Über den Topf haben wir bereits das Wichtigste gesagt: Groß, hoch und breit genug sollte er sein, damit die Früchte ausreichend Platz haben, dadurch ihr Wasseranteil aufgrund der großen Oberfläche besser verdampft und nichts überkocht. Und das passiert schnell, denn oft schäumt der Zucker bei der Marmeladen- und Geleeherstellung ziemlich kräftig. Füllen Sie daher den Kochtopf immer nur bis zur Hälfte.

TIPP

Verwenden Sie ausschließlich Töpfe aus Edelstahl oder mit einwandfreier Emailschicht. Kupfer- oder Aluminiumtöpfe sind weniger tauglich, da die Inhaltsstoffe der Früchte (hier besonders die Fruchtsäure) die Eigenschaft besitzen, während des Einkochvorgangs eventuell Verbindungen mit den genannten Metallen einzugehen. Diese beeinflussen nicht nur die geschmackliche Qualität der Marmelade, sondern tragen auch dazu bei, dass die Vitamine schneller zerstört werden.

Schaum- und Schöpfkellen

Zum Abfüllen der heißen Konfitürenmasse nehmen Sie Schöpf-
kellen, auch hier wieder vorzugsweise solche aus Edelstahl. Der
Schaum gehört nicht mit in die Gläser, denn er enthält unter
Umständen noch Schmutzrückstände aus den Früchten, auf je-
den Fall aber Luft und diese Luft würde die Haltbarkeit des Ein-
kochguts verschlechtern – heben Sie ihn darum mit einer
Schaumkelle ab. Sammeln Sie den Schaum, mit Jogurt oder
Quark verrührt ergibt er ein köstliches Dessert.

Die Gläser

*Mit dieser Grund-
ausrüstung lassen
sich alle vorgestell-
ten Rezepte nach-
kochen.*

Zum Aufbewahren der Marmeladen sind alle Gläser brauch-
bar, die Sie in Ihrem Haushalt sammeln können: Ehemalige
Marmeladen- oder ähnliche Gläser mit noch intaktem Schraubdeckelverschluss (Twist-off), Einmachgläser mit Schnappver-

schluss und Gummiring, aber auch alle anderen Gläser oder Gefäße, die, sofern unversehrt und mit einwandfreiem Rand versehen, mit Zellophan beziehungsweise Einmachhaut verschlossen werden können. Die Achillesferse der Twist-off-Gläser ist der Deckel. Er muss luftdicht schließen, darf keine Roststellen aufweisen und der innen liegende Gummiring sollte keinesfalls spröde sein.

Ein Tipp am Rande: Sammeln Sie vorwiegend kleine Gläser. Darin geliert die Fruchtmasse sich besser und die Abwechslung auf Ihrem Frühstückstisch ist gesichert. Und damit Sie im Winter nicht ratlos vor den Gläsern stehen: Beschriftete Klebeetiketten verraten Inhalt und Einkochdatum.

Die Utensilien im Überblick

- ☐ Küchenwaage;
- ☐ Messbecher;
- ☐ Durchschlag (Sieb);
- ☐ großer Kochtopf, 6-l-Fassungsvermögen reicht genau für 1 kg Früchte und 1 kg Zucker;
- ☐ Rührlöffel aus hartem Kunststoff;
- ☐ Schälmesser;
- ☐ scharfes Küchenmesser;
- ☐ Kirsch- und Pflaumenentsteiner;
- ☐ Kartoffelstampfer;
- ☐ Pürierstab oder Handmixer;
- ☐ eventuell Fleischwolf;
- ☐ Reibe;
- ☐ Schöpfkellen aus Edelstahl;
- ☐ Passiersieb oder Flotte Lotte;
- ☐ Zitruspresse;
- ☐ Gläser zum Zubinden;
- ☐ Gläser mit Schraubdeckelverschluss;
- ☐ Gummibänder und Zellophan;
- ☐ Etiketten.

Für die Geleeherstellung zusätzlich:
- ☐ Dampfentsafter;
- ☐ Schnellkochtopf oder
- ☐ Mulltuch und Schüssel.

TIPP

Wollen Sie Gläser zur Wiederverwendung sammeln, dann öffnen Sie diese möglichst per Hand, ohne Hilfswerkzeug, damit der Deckel nicht beschädigt wird.
Der Gummiring im Deckel hält meist mehrere Füllungen aus – Sie sollten ihn aber trotzdem vor dem Befüllen sicherheitshalber noch einmal überprüfen.
Übrigens: Etiketten lösen sich am besten nach einem ausgiebigen Bad im lauwarmen Wasser.

Welche Früchte und wie vorbereiten?

Konfitüren, Marmeladen und Gelees kann man aus fast allen Früchten herstellen. Wählen Sie nach Geschmack und Jahreszeit. Verwenden Sie allerdings immer nur tadelloses und gut ausgereiftes Obst, am besten pflückfrisch. Unreifes Obst besitzt noch nicht das volle Aroma und überreifes enthält meist zu wenig Pektin.

Sammeln oder einkaufen?

Am meisten Spaß macht das Marmeladenkochen selbstverständlich, wenn man selbst gepflückte und gesammelte Früchte verwenden kann. Die beste Zeit hierfür ist übrigens der frühe Morgen, möglichst bei trockenem Wetter, denn bei Regen geerntetes Obst enthält zu viel Wasser und daher wesentlich weniger Aroma.

Im Wald und am Rand der Wiese

Wer nicht das Glück hat, einen kleinen Garten sein Eigen zu nennen, kann vielleicht beim Bauern ernten oder aber – und das ist nicht die schlechteste Wahl – beim nächsten Spaziergang durch Wald und Wiesen schauen, was Mutter Natur an wild wachsenden Beeren für uns bereithält.

„Im Wald und auf der Heide ..."
Die Natur bietet dem aufmerksamen Spaziergänger und Sammler ein wahres Füllhorn an wild wachsenden Früchten und Beeren.

Aber Vorsicht:

❏ Sammeln oder pflücken Sie nur an sauberen Plätzen – also dort, wo die Früchte keinen Abgasen oder Industrieablagerungen ausgesetzt sind. „Blei beladene" Brombeeren am Rand viel befahrener Straßen sollten Sie lieber hängen lassen.

❏ Wie bei Pilzen gilt auch für Beeren: Lassen Sie alle, die Sie nicht genau bestimmen können, am Strauch.

❏ Alte, angeschimmelte Früchte bitte nicht verwenden, sie können gesundheitsschädlich sein.

Gekaufte Früchte

Auch hier gilt der Grundsatz: Immer nur einwandfreies Obst kaufen! Nutzen Sie die Erntesaison, dann ist das Angebot auf den Märkten und in den Geschäften reichlich und die Preise sind günstig. Dies gilt gleichermaßen für einheimische wie für importierte Früchte. Der Saisonkalender auf Seite 36 bis 37 soll Ihnen hierzu mit Rat und Tat zur Seite stehen. Achten Sie auch auf Transportschäden und auf möglichst reifes Obst, das hoffentlich nicht zu lange gelagert wurde.

Vorbereitung

Ganz gleich, ob selbst geerntet, gekauft, ob Beeren, Obst oder Wildfrüchte – vollreif, makellos und vor allem frisch sollten die Früchte sein. Planen Sie so, dass Sie das Obst am Tag der Ernte beziehungsweise des Einkaufs gleich weiter verarbeiten können. Besonders Beerenfrüchte verderben schnell und nehmen eine mehrtägige Lagerung ziemlich übel.

Waschen und verlesen

Die frischen Früchte werden gründlich aber dennoch schonend gewaschen. Sortieren Sie vorab per Hand größere Blättchen, Stiele sowie schadhafte und schimmelige Früchte aus. Bis auf Holunderbeeren, Schlehen, Hagebutten und Sanddorn wird das Obst meist vor dem Putzen in kaltem Wasser gewaschen. Druckempfindliche Beeren wie Himbeeren, Erdbeeren, Brombeeren oder Johannisbeeren sollten Sie besser nicht direkt unter dem Wasserstrahl abbrausen, sondern eher in „stehendem" Wasser, in einer Schale oder im Wasserbecken, säubern. Lassen Sie dann das gewaschene Obst in einem Durchschlag abtropfen und breiten Sie es zum Trocknen auf einem sauberen Handtuch aus. Größere Früchte können mit Küchenkrepp abgetupft werden.

TIPP

Sollte die Obstmenge trotzdem einmal zu viel sein, nehmen Sie die Früchte auf alle Fälle aus der Verpackung und lagern Sie sie dunkel sowie kühl. Sollte es sich dabei um Beerenobst handeln, bewahren Sie die verlesenen, aber noch ungewaschenen Früchte auf einem großen Teller oder Tablett. Ebenfalls kühl und dunkel stellen.

Das Putzen und Zu-bereiten der Hage-butten macht etwas Mühe. Die innen sit-zenden Kerne haben feine Härchen, die Juckreiz verursachen können. Die Frucht-hälften und an-schließend auch Ihre Hände daher sorg-fältig mit reichlich Wasser abspülen.

Kernobst kann, muss aber nicht geschält werden, wenn Sie die Fruchtstücke klein genug schneiden. Äpfel, Birnen wie auch die größeren Steinfrüchte Pfirsiche oder Aprikosen beispielsweise können gut mit ihrer Schale verarbeitet werden. Die fertige Marmelade erhält durch sie zusätzlich Farbe. Entfernen Sie alle Stellen, die faul oder schimmelig sind. Befreien Sie die Früchte vom Kerngehäuse. Steinobst wird grundsätzlich immer entsteint.

Übrigens: Im Kirschkern stecken ganz besonders viele Geschmacksstoffe. Lassen Sie daher immer ein paar der Kirschsteinkerne in der Konfitüre mitkochen. Denken Sie daran, die Kerne vor dem Befüllen der Gläser wieder zu entfernen. Auch Aprikosenkerne besitzen viel Aroma. Knacken Sie die Kerne und kochen Sie die Aprikosenmandeln mit. Natürlich müssen auch sie vor dem Abfüllen der Konfitüre in die Gläser herausgenommen werden.

Reizvolle Mischungen

Manche interessante Konfitürenkomposition ist erst seit den Zeiten der Tiefkühltruhe möglich. Die beste Erntezeit des Rhabarbers ist unter Umständen schon lange vorbei, ehe unsere einheimischen, aromatischen Erdbeeren reif sind. Auch eine Stachelbeer-Weintrauben-Konfitüre wäre, ohne auf teure Importware oder Tiefkühlkost zurückgreifen zu können, in unseren Breitengraden ein etwas schwieriges Unterfangen.

... auch tiefgekühlt?

Aber ja! Tiefgefrorene Früchte lassen sich bestens für Konfitüren, Marmeladen und Gelees weiterverarbeiten. Vor allem zur Haupterntezeit oder wenn das Angebot ungewöhnlich preiswert beziehungsweise groß ist, Sie aber trotzdem nicht den ganzen Tag am Herd stehen möchten, ist das Einfrieren eine praktische Sache. Die vorbereiteten Früchte – gewaschen, geputzt und entkernt – werden ungezuckert eingefroren und bei Bedarf entsprechend eingesetzt. Wiegen Sie die tiefgekühlten Früchte in noch gefrorenem Zustand ab. Tauen Sie sie erst danach auf und verwenden Sie den entstehenden Saft bei der Zubereitung mit.

Zerkleinern

Wie stark Sie die Früchte zerkleinern, hängt in erster Linie davon ab, ob Sie Konfitüre oder Gelee zubereiten wollen (siehe hierzu Seite 34) und dann natürlich noch von Ihrem persönlichen Geschmack. Der eine bevorzugt das Musige, der Nächste mag es etwas stückiger und der Dritte liebt das klare Gelee.

Das gewünschte Endprodukt entscheidet über die Vorbereitung der Früchte – wie in diesem Fall über den Grad der Zerkleinerung.

Große Früchte werden zunächst grob in Stücke geschnitten und dann entweder mit dem Pürierstab oder bei weichem Obst per Kartoffelstampfer zu Mus zerkleinert. Manchmal reicht auch schon eine Gabel aus, um beispielsweise Bananenstücke oder Himbeeren zu zerquetschen. Harten Früchten können Sie unter Umständen mit Hilfe eines Fleischwolfes oder auch mit entsprechenden Schneidescheiben der Küchenmaschine zu Leibe rücken. Für musige Konfitüre wird die gesamte Fruchtmenge zerdrückt, für die etwas stückigere Variante nur etwa die Hälfte. Der verbleibende Rest wird ganz (Kirschen, Beeren) oder in feine Stückchen geschnitten weiterverarbeitet.

Saft für das Gelee

Gelee verlangt nach Fruchtsaft und der lässt sich auf verschiedene Weise herstellen. Grundsätzlich eignen sich so gut wie alle Fruchtsorten zum Entsaften. Sie können zur Saftherstellung sogar Obst niedrigerer Qualitätsstufen verwenden – nur eines sollte selbstverständlich dabei gewährleistet sein: Auch preiswertes Obst muss makellos sein. Faulige Stellen verderben, ganz gleich, um welche Art des Einkochens es sich handelt, das Ergebnis. Entsaften Sie das Obst, wenn Sie Gelee herstellen wollen, ohne oder mit nur sehr wenig Zucker.

Dampfentsaften

Die praktischste Art, Saft für die Geleeherstellung zu gewinnen, speziell bei großen Obstmengen, ist der Dampfentsafter.

Für größere Mengen eignet sich am besten der Dampfentsafter. Bei diesem Verfahren wird das grob zerkleinerte Obst in den Siebeinsatz eines speziellen Topfes oder Aufsatzes für Einkochtöpfe gegeben. Im unteren Teil wird Wasser gekocht, dessen Dampf zu den Früchten aufsteigt. Durch den heißen Wasserdampf platzen die Zellwände der Früchte – der Saft fließt in den mittleren Topfteil und kann über einen Schlauch aufgefangen wer-

den. Kleinere Mengen an Obst können Sie auch im Schnellkochtopf entsaften. Das Prinzip ist das Gleiche wie beim Dampfentsafter. Richten Sie sich bitte nach der Gebrauchsanweisung des Herstellers.

Heißentsaften

Geradezu prädestiniert für das Heißentsaften sind ganz besonders alle pektinreichen Obstsorten, da durch diese Methode das zum Gelieren notwendige Pektin aus den Früchten gelöst wird und im Saft wiederzufinden ist. Kochen Sie die Früchte mit Wasser etwa im Verhältnis von 2:1 auf (weniger Wasser bedeutet geringere Saftausbeute), und lassen Sie den Fruchtbrei über ein Safttuch (Mulltuch) oder ein feinmaschiges Sieb in einen Topf oder eine Schüssel abtropfen. Besonders aromatisch wird der Saft, wenn Sie die Früchte vor dem Abfiltern über Nacht durchziehen lassen. Soll der Saft klar bleiben, dürfen Sie den Brei nicht ausdrücken.

Rohentsaften

Unter Zugabe von Zitronensäure können Sie auch kleinere Mengen, speziell Beerenobst, roh entsaften. Vermischen Sie hierzu die grob zermusten Früchte mit in Wasser gelöster Zitronensäure und lassen Sie sie über Nacht Saft ziehen. Filtern Sie diesen Saft wie beim Heißentsaften ab.

TIPP

Die Obstreste, die beim Heißentsaften übrig bleiben, können Sie mit frischem Obst vermischt zu Marmelade weiterverarbeiten.

Wie viel Früchte für 1 Liter Saft?

Früchte	kg
Äpfel	1,5 bis 2 kg
Birnen	1,5 bis 2 kg
Brombeeren	1,5 kg
Erdbeeren	1,5 kg
Himbeeren	1,5 kg
Holunderbeeren	1,5 kg
Johannisbeeren, rot und schwarz	1,25 kg
Pfirsiche	2 kg
Quitten	1,5 bis 2 kg
Rhabarber	1,5 kg
Kirschen	1,25 kg
Stachelbeeren	2 kg
Weintrauben	2 kg

verändert nach Dr. Oetker Verbraucherservice

Früchtekalender
Wann sind welche Früchte reif?

	Jan.	Feb.	März	April	Mai	Juni	Juli	Aug.	Sept.	Okt.	Nov.	Dez.
Ananas	X	X							X		X	X
Äpfel	X	X										
Aprikosen												
Bananen	X	X										
Berberitze									X			
Birnen									X			
Brombeeren								X		X		
Ebereschen												
Erdbeeren						X	X					
Feigen												
Grapefruits	X	X								X	X	
Hagebutten												
Heidelbeeren												
Himbeeren							X	X	X			
Holunder-beeren												
Johannis-beeren, rot						X	X					
Johannis-beeren, schwarz						X	X					
Kirschen, sauer												
Kirschen, süß						X						
Kiwis	X											

Früchtekalender
Wann sind welche Früchte reif?

	Jan.	Feb.	März	April	Mai	Juni	Juli	Aug.	Sept.	Okt.	Nov.	Dez.
Kumquats	■	■	■							■	■	
Kürbisse									■	■		
Mangos	■	■					■	■	■			
Melonen								■	■	■		
Mirabellen								■				
Nektarinen							■	■				
Orangen	■	■									■	■
Papayas	■								■	■		
Pfirsiche							■	■	■			
Pflaumen							■	■				
Pomelos	■										■	■
Preiselbeeren								■	■			
Quitten									■	■		
Renekloden							■	■				
Rhabarber				■	■	■						
Sanddorn									■	■		
Schlehen										■	■	
Stachelbeeren						■	■					
Weintrauben									■	■		
Zitronen	■	■								■	■	
Zwetschgen							■	■				

Die Grundrezepte

Marmelade, Konfitüre und Gelee

Wann Marmelade eigentlich Konfitüre ist

1982 beschloss der Staat per Lebensmittelverordnung, dass das, was wir landläufig unter Marmelade verstehen, eigentlich gar keine ist, sondern im Handel Konfitüre „extra" beziehungsweise Konfitüre „einfach" heißt:

Marmelade

Als Marmelade dürfen demnach nur noch Erzeugnisse aus oder mit Anteilen von Zitrusfrüchten wie zum Beispiel Orangen, Zitronen, Grapefruits, **Pomelos** oder Mandarinen bezeichnet werden.

Konfitüre

Konfitüre „extra" muss laut Verordnung pro Kilogramm mindestens 450 Gramm Fruchtmark einer oder mehrerer Obstsorten beinhalten, während für Konfitüre „einfach" 350 Gramm ausreichen. Meist enthält die Konfitüre „extra" neben musig zerkleinerten Früchten auch ganze Früchte beziehungsweise bei größerem Obst grob zerkleinerte Stücke.

Gelee

Gelee wird grundsätzlich aus dem Saft einer oder mehrerer Fruchtsorten zubereitet. Den Saft gewinnt man entweder per Dampfentsafter, Schnellkochtopf oder per Kochen der Früchte und anschließendem Filtern durch ein Tuch.

Pomelo
oder auch Pampelmuse. Sie ist die größte unter den Zitrusfrüchten und nicht zu verwechseln mit der Grapefruit, die häufig fälschlicherweise ebenfalls Pampelmuse genannt wird. Die Grapefruit entstand vielmehr als Kreuzung aus Pomelo und Apfelsine, vermutlich um 1750 auf den Westindischen Inseln.

Marmelade – nur etwas für Herren?

„Anhangsweise möge hier noch die Bereitung der Apfelsinenjams, der feinsten Marmelade, auch Orangenmarmelade genannt, erwähnt werden, ... In dieser wird nicht nur der Saft dieser Früchte und das innere Mark, sondern auch die Schale, welche vorher dünn abgeschält werden kann, verwendet. Dieselbe wird in dünne Streifen geschnitten und dann verkocht, wobei der in ihr befindliche Gallertstoff (Pektinsubstanz) sich in gelatinierende Gallerte umwandelt, ... Diese so erhaltene Masse, mit dem eigentlichen Saft vereinigt, besser mit ihm zusammen verkocht, wandert dann in die Durchlaßmaschine und wird mit Zucker versetzt und fertig gearbeitet. Diese Marmeladen schmecken etwas bitterlich und gefallen daher auf die Dauer hauptsächlich Herren besonders gut."

(Zur Frage der Jam- und Marmelade-Industrie, sowie des Zuckerverbrauchs in England, Dr. Paul Degener, Berlin, 1899)

Allgemeine Grundregeln

Ganz gleich, ob Sie leckere Marmeladen, fruchtige Konfitüren oder ein erfrischendes Gelee herstellen wollen, für alle Einkochvarianten gelten zwar nur einige, aber nichts desto weniger wichtige Grundregeln:

Auswahl und Vorbereiten der Früchte

☐ Verwenden Sie stets nur einwandfreies, ausgereiftes Obst, am besten pflückfrisch. Unreifes Obst besitzt noch nicht den vollen Geschmack und überreifes enthält meist zu wenig Pektin.

☐ Verarbeiten Sie das Obst möglichst am Tag der Ernte oder des Einkaufs. Speziell Beerenobst verdirbt leicht. Schadstellen immer großzügig entfernen.

☐ Bereiten Sie nicht zu viel auf einmal zu, Sie müssen sonst zu lange einkochen und das Obst verliert an Aroma und Inhaltsstoffen. Verkochen Sie nicht mehr als 2 bis 2,5 kg Obst oder 1 l Saft. Ein Reduzieren der Menge ist möglich, Sie sollten jedoch von mindestens 400 bis 500 g Obst ausgehen.

Einwandfreies, ausgereiftes Obst garantiert eine aromatische Konfitüre.

Sauberkeit ist Trumpf

Achten Sie beim Einkochen peinlichst auf Sauberkeit. Das gilt für alle Ihre Geräte, aber ganz besonders für die Gläser. Bereiten Sie Ihre Marmeladengläser daher äußerst sorgfältig vor:

❑ Reinigen Sie die Gläser, und falls Sie welche mit Schraubdeckelverschluss verwenden möchten, auch deren Deckel gründlich heiß und mit Spülmittel – auf unbeschädigte Gummieinlage des Deckels achten!

❑ Spülen Sie alles mit klarem Wasser noch einmal nach und lassen Sie die Gläser kopfüber auf einem sauberen Küchenhandtuch trocknen.

❑ Wer ganz sicher gehen will, kann die Gläser vor dem Befüllen kurz im Backofen auf 100 °C erhitzen oder ein weiteres Mal heiß ausspülen.

❑ Wenn Sie normale Einweckgläser benutzen möchten, achten Sie auf intakte Gummiringe. Diese dürfen nicht brüchig sein und sollten vor Gebrauch ausgekocht werden. Deckel- und Glasrand müssen in einwandfreiem Zustand sein.

An die Vorgaben halten

❑ Halten Sie sich bitte genau an die Rezeptangaben und berücksichtigen Sie, dass sich die Fruchtmengen bei der Verwendung von Haushalts- oder Gelierzucker auf Obst **vor** dem Waschen und Putzen beziehen und bei der Verwendung von zuckersparenden Geliermitteln immer erst **nach** dem Putzen.

❑ Wenn Sie Gelierhilfen gebrauchen, beachten Sie unbedingt die Angaben zur Kochzeit der Herstellerfirmen, sonst könnte das Ergebnis zu flüssig oder auch zu fest ausfallen. Ein Kurzzeitwecker (Kücheneieruhr) hilft, die Zeit im Auge zu behalten.

❑ Bitte verändern Sie nicht willkürlich die angegebenen Zuckermengen. Zuckerreduzierte Marmeladen benötigen spezielle Gelierhilfen, damit die Zuckerersparnis nicht auf Kosten der Haltbarkeitsdauer geht.

❑ Achten Sie darauf, dass die Fruchtmasse wirklich sprudelnd kocht. Wählen Sie den Einkochtopf groß genug, damit nichts überschäumt.

❑ Vergessen Sie nicht die Gelierprobe, bevor Sie die Marmelade, Konfitüre oder das Gelee abfüllen. Bei pektinarmen Früchten kann trotz Gelierhilfe die Kochzeit länger werden als angegeben.

TIPP

Gelierzucker und -hilfen berücksichtigen leider nicht den unterschiedlichen Pektingehalt der einzelnen Fruchtsorten. Führen Sie daher sicherheitshalber immer eine Gelierprobe durch. Bei pektinarmen Früchten wie beispielsweise Kirschen oder auch Pfirsichen kann sich die Einkochzeit entgegen der Packungsinformation durchaus verlängern.

Nie ohne sie – die Gelierprobe

Auf den Packungen der Gelierzucker und -hilfen sind die Kochzeiten genau vorgegeben. Werden diese und die Mengenangaben exakt eingehalten, dürfte das Gelieren der Fruchtmasse
stets gelingen. Die sicherste Kontrolle darüber, ob die Fruchtmasse ausreichend lang eingekocht wurde, ist jedoch die Gelierprobe, die Sie am besten immer, auf alle Fälle aber bei der
traditionellen Einkochmethode (Pfund-auf-Pfund oder 1:1),
durchführen sollten. Geben Sie hierzu einen größeren Klecks
Konfitüre auf einen kalten Teller (Untertasse). Halten Sie den
Teller etwas schräg. Verläuft der Konfitürenklecks rasch, dann
ist die Konsistenz noch zu flüssig, kochen Sie die Fruchtmasse
weiter ein – bleibt er fest, ist die Konfitüre fertig.

*Konfitüren kochen
Step-by-Step:
1. Alle Geräte und
Zutaten vorbereiten
und bereitstellen.*

*2. Die Früchte mit
dem Zucker in einem
Topf mischen und
langsam zum Kochen
bringen.*

*3. Ab Kochzeitpunkt,
je nach verwendeter
Gelierhilfe, die
Frucht-Zuckermasse
einige Minuten spru-
delnd kochen lassen.
Dabei häufig
umrühren.*

*4. Nach der Gelier-
probe, falls im Rezept
vorgesehen, den Alko-
hol zusetzen und
dann die Konfitüre
noch heiß in die sau-
beren Gläser ein-
füllen.*

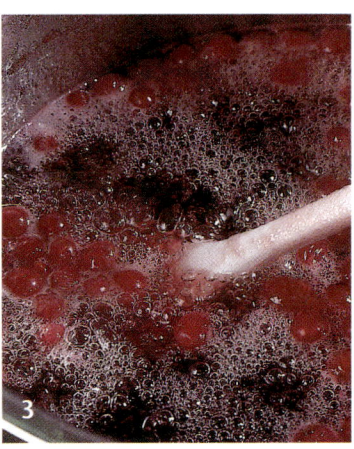

Honig – ein Zuckerersatz?

Honig bringt Abwechslung in Ihre Marmeladen. Ersetzen Sie den in den Rezepten beschriebenen Zucker doch einfach einmal durch den köstlichen Bienensaft. Wählen Sie hierzu flüssige, klare Sorten. Honig süßt allerdings wesentlich intensiver als der normale Haushaltszucker. Bereits 250 Gramm wiegen aufgrund der Süßkraft 1 Kilogramm Zucker auf. Berücksichtigen Sie dies bei der Zubereitung und reduzieren Sie entsprechend die in den Zutaten- listen notierten Mengen.

Heiß und randvoll ins Glas

Spülen Sie die vorbereiteten Gläser unmittelbar vor dem Befüllen noch einmal mit klarem heißem Wasser aus, und stellen Sie sie neben dem Herd auf ein feuchtes Tuch. Die Feuchtigkeit leitet die Hitze ab, sodass die Gläser beim Einfüllen der heißen Fruchtmasse nicht zerspringen. Füllen Sie in jedes Glas zuerst nur ein wenig von der heißen Marmelade ein, damit sich das Glas langsam erwärmen kann. Dann schnell bis zum Rand weiter befüllen. Am besten geht dies mit einer nicht zu großen Schöpfkelle mit Schnute. Einige werden vielleicht lieber einen Spezialtrichter zu Hilfe nehmen wollen. Aus eigener Erfahrung möchte ich jedoch davon abraten – insbesondere bei Konfitüren gibt es häufiger „Fruchtstückchen-Stau" im Trichterauslauf.

Wichtig ist, dass der Glasrand sauber bleibt, da die Gläser sonst nicht dicht abschließen und die Marmelade zu schimmeln beginnen könnte. Wischen Sie vorbeigetropfte Fruchtmasse mit einem sauberen, feuchten Tuch ab.

Verschließen mit Einmachzellophan

Wenn Sie „Zubindegläser" verwenden, sollten Sie die Konfitüre vorsichtshalber noch mit einem zusätzlichen Schimmelschutz versehen. Legen Sie hierzu ein in hochprozentigem Alkohol eingelegtes, passendes Stück Pergamentpapier glatt auf die Oberfläche der Konfitüre. Zum Verschließen feuchten Sie entsprechend zurecht geschnittene Einmachhaut an und spannen sie stramm mit der nassen Seite nach außen über das Glas. Mit Gummi oder Bindeband direkt unter dem Glasrand gut zubinden.

TIPP

Neben der im Text beschriebenen Heiß-Verschließ-Methode können Sie die Marmeladen auch erst mit Einmachzellophan abdecken, wenn die Gläser abgekühlt sind. Mehr Schutz vor Schimmel bietet allerdings das Verschließen der noch heißen Gläser, denn dadurch entsteht ein Vakuum, welches das Zellophan erst richtig festzieht.

Twist-off-Gläser nach dem Befüllen kurz auf den Kopf stellen.

Verschließen mit Schraubdeckel

Am praktischsten sind Gläser mit Schraubdeckelverschluss, so genannte Twist-off-Gläser. Darin ist Ihre Marmelade optimal aufgehoben und haltbar, vor allem wichtig, wenn Sie mit zuckersparenden Gelierhilfen arbeiten. Nach dem Befüllen mit dem heißen Fruchtbrei schrauben Sie die Deckel fest zu und stellen die Gläser für einige Minuten auf den Kopf. So werden die im Glas noch enthaltene Luft und der Deckel durch die Hitze sterilisiert, gleichzeitig können sich die in Konfitüren enthaltenen Fruchtstückchen besser verteilen.

Noch zwei Ratschläge einer erfahrenen Marmeladenköchin, die ich Ihnen nicht vorenthalten möchte: Beträufeln Sie vor dem Verschließen der Gläser die Deckelinnenseite mit ein paar Tropfen hochprozentigem Alkohol. Dieser desinfiziert noch einmal zusätzlich und beeinflusst in positiver Weise die Lagerfähigkeit. Besonders schonend kühlen die Gläser ab, wenn sie dicht aneinander auf Zeitungspapier aufgereiht und gegen Zugluft mit einer weiteren Lage Zeitungspapier oder einem dicken Küchentuch geschützt werden.

Beschriftet und verschönert

Bunte Etiketten und Schildchen zur Beschriftung der Gläser sind häufig den Gelierhilfen beigelegt oder im Schreibwaren-

Schön zu sehen: Das linke Glas wurde nicht auf den Kopf gestellt und die Fruchtstückchen stiegen alle nach oben. Das rechte Glas stand einige Minuten kopfüber auf dem Deckel, wodurch sich die Früchte besser verteilen konnten.

handel zu erhalten. Vielleicht lassen Sie aber auch Ihre Fantasie spielen und kreieren Ihre eigenen Etiketten. Notieren Sie Sorte und Einmachdatum, so hat das spätere Rätselraten vor den Regalen ein Ende, und Sie können bei besonders gut gelungenen und köstlichen Mischungen zielsicher zum Wiederholungstäter werden.

Mit bunten Stoffresten oder Servietten als Deckchen und mit farbigen Bindfäden zugebunden, werden aus den Gläsern mit dem Selbstgemachten hübsche Geschenke.

Hübsch verpackt und beschriftet sind selbst gemachte Konfitüren oder Gelees ein willkommenes Mitbringsel.

Die richtige Lagerung

Marmeladen, Konfitüren und Gelees sollten dunkel und kühl gelagert werden. Ideal wäre ein Keller oder eine kühle Vorratskammer. Die richtige Lagerung vorausgesetzt, halten sich Ihre selbst gemachten Fruchtaufstriche problemlos bis zu zwei Jahre. Mit Einmachzellophan verschlossene Gläser sollten Sie hin und wieder auf die Unversehrtheit der dünnen Haut überprüfen. Dunkel sollten die Gläser gelagert werden, da Licht teilweise die Farbstoffe der Früchte zerstört und manchmal auch die geschmackliche Qualität negativ beeinflusst.

Haben sich Schimmel oder Gärbläschen gebildet oder wölbt sich gar der Deckel, dann heißt's leider Abschied nehmen. Verschimmelte Konfitüre sollten Sie sicherheitshalber wegwerfen – zumindest aber die oberen zwei bis drei Zentimeter großzügig abheben. Letzterer Vorschlag gilt jedoch ausschließlich für Konfitüren, die entweder auf traditionelle Weise oder aber wenigstens mit Gelierzucker (1:1) zubereitet wurden. Im Zweifelsfall lieber weg mit der verdorbenen Konfitüre.

Angebrochene Gläser zuckerreicher Konfitüre müssen nicht unbedingt in den Kühlschrank, allerdings sollten sie dann in den nächsten vier bis sechs Wochen aufgebraucht werden.

Nur ein Brotaufstrich?

❑ Mit Hilfe von Konfitüren, Marmeladen und Gelees lässt sich nicht nur das Frühstück versüßen. Geben Sie Desserts wie Pudding, Auflauf oder Eis mit einer fruchtigen Sauce aus verdünnter Konfitüre eine besondere Note.

❑ Kuchen und Torten werden gerne mit Konfitüren oder Gelees gefüllt – ein Beispiel unter vielen: die Linzer Torte. Crêpes und Omelettes schmecken mit einer Beerenkonfitüre bestrichen gleich doppelt so gut. Und selbst gebackene Plätzchen oder Kekse mit einem Klecks Marmelade verziert, erfreuen nicht nur kleine Naschkatzen.

Selbst gemachte Konfitüren, Marmeladen oder Gelees können sehr viel mehr sein als bloß ein Brotaufstrich.

❑ Hefeknödel erhalten durch eine Füllung mit Konfitüre den letzten Pfiff. Was wäre ein Berliner ohne seine Erdbeerkonfitüre oder der leckere Germknödel ohne sein Pflaumenmus?

❑ Biskuitrollen halten besser zusammen, wenn sie vor dem Aufrollen dünn mit Konfitüre bestrichen wurden.

❑ Machen Sie's dem Konditor nach: Etwas Gelee im lauwarmen Wasser gelöst und auf den fertigen Kuchen gestrichen, verleiht diesem einen verführerischen Glanz und lässt beispielsweise gehobelte Mandeln auf Kuchen oder Torte besser haften.

❑ Auch Obstsalate bekommen mit etwas Konfitüre verfeinert eine neue Geschmacksnuance. Verdünnen Sie hierzu die Konfitüre mit dem Fruchtsaft des Salates.

❑ Ein gehäufter Teelöffel Konfitüre in eine Portion Naturjogurt oder Quark eingerührt, macht aus dem unscheinbaren Milchprodukt ein leckeres Blitzdessert.

❑ Und nicht zuletzt sind Preiselbeer-, Johannisbeer- und Heidelbeerkonfitüre oder -gelees Bestandteil vieler Wildgerichte. Kirsch und Orange finden wir bei der Ente wieder und Ananas harmoniert bestens mit Schweinefleisch süß-sauer.

❑ Und noch ein besonderes Schmankerl: Versuchen Sie einmal eine mit Curry und Piment pikant gewürzte Aprikosenkonfitürensauce zum nächsten Fleischfondue.

Verschiedene Methoden

Traditionell – 1:1

Bei dieser Methode werden Früchte und Zucker im gleichen Verhältnis miteinander gemischt und so lange gekocht, bis die Fruchtmasse geliert. Die Kochzeit ist vom Pektin- und Wassergehalt der Früchte abhängig. Das so genannte Pfund-auf-Pfund-Verfahren eignet sich am besten für pektinreiche Früchte wie Johannisbeeren oder Äpfel, da sie keine weiteren Gelierhilfen benötigen. Vorteil dieser Methode ist, dass sie durch das Eindicken den Geschmack intensiviert, leider gehen jedoch durch die lange Kochzeit die Vitamine so gut wie völlig verloren. Für Gelees ist dies trotzdem die Methode der ersten Wahl, da nur sie sonst fad schmeckenden Gelees auf die Geschmackssprünge verhilft. Säurearmen Früchten sollten Sie übrigens Zitronensäure oder -saft zusetzen.

Damit die Mengenverhältnisse stimmen, ist genaues Abwiegen wichtig.

Marmelade, Konfitüre und Gelee

Grundrezept 1:1

1 kg unvorbereitete Früchte oder 1 l Saft
1 kg Zucker
Saft von 1–2 Zitronen oder 1 Päckchen Zitronensäure (5 g)

1. Die Früchte abwiegen, verlesen, säubern und für die Weiterverarbeitung entweder zu Marmelade, Konfitüre oder Gelee vorbereiten.
2. Das Obst mit der gleichen Menge Zucker in einen Topf geben, bei Bedarf Zitronensaft oder Zitronensäure zufügen und alles unter Rühren langsam zum Kochen bringen.
3. Während des Kochens mehrmals den Schaum von der Fruchtmasse schöpfen.
4. So lange weiter kochen, bis die Gelierprobe Erfolg zeigt. Das kann je nach Pektingehalt der Früchte zwischen 15 Minuten und einigen Stunden dauern.
5. Gelingt die Gelierprobe, die Masse noch heiß in die vorbereiteten Gläser füllen und mit Einmachzellophan oder einem Twist-off-Deckel verschließen.

Mit Gelierzucker braucht's nur vier Minuten

Der große Vorteil bei der Verwendung von Gelierzucker ist die kurze Kochzeit – Vitamine und Aroma der Früchte bleiben auf diese Weise weitgehend erhalten. Außerdem sind Geliermittel, Zitronensäure und Zuckermenge bereits exakt aufeinander abgestimmt. So lassen sich theoretisch selbst kleinere Mengen an Konfitüren ohne langwieriges Abmessen und Auswiegen der einzelnen Zutaten zubereiten.

Marmelade und Konfitüre

Grundrezept mit Gelierzucker

1 kg unvorbereitete Früchte
1 kg Gelierzucker

1. Die Früchte abwiegen, verlesen, säubern und zerkleinern. Für die Weiterverarbeitung zu „stückiger" Konfitüre nur etwa die Hälfte der Fruchtmenge pürieren, die andere Hälfte ganz lassen oder je nach Größe in grobe Stücke schneiden.
2. Das Obst mit der gleichen Menge Gelierzucker in einen Topf geben, gut miteinander vermischen und abgedeckt über Nacht Saft ziehen lassen.
3. Am nächsten Tag den Fruchtbrei unter Rühren zum Kochen bringen und exakt 4 Minuten lang sprudelnd kochen lassen.
4. Gelingt die Gelierprobe, zunächst den Schaum abschöpfen, dann die Fruchtmasse noch heiß in die vorbereiteten Gläser füllen. Mit Einmachzellophan oder einem Twist-off-Deckel gut verschließen.
5. Sofern die Gläser einen Schraubdeckelverschluss haben, die Gläser für etwa 5 Minuten auf den Kopf stellen, das zieht ein Vakuum, sterilisiert und verteilt die Fruchtstückchen im ganzen Glas.

TIPP

Geben Sie Gelierzucker niemals in die heiße Masse. Immer kalt einrühren, am besten über Nacht Saft ziehen lassen und am nächsten Tag brausend kochen lassen.

Gelee

Grundrezept mit Gelierzucker

³/₄ l Fruchtsaft
1 kg Gelierzucker

1. Den kalten Fruchtsaft mit dem Gelierzucker verrühren.
2. Alles unter ständigem Rühren langsam zum Kochen bringen und den Herstellerangaben gemäß lang sprudelnd kochen lassen.
3. Wird die Gelierprobe fest, zunächst den Schaum abschöpfen, dann das Gelee noch kochend heiß in die vorbereiteten Gläser füllen. Mit Einmachzellophan oder einem Twist-off-Deckel verschließen.
4. Gläser mit einem Schraubdeckelverschluss für etwa 5 Minuten auf den Kopf stellen.

Mit zuckersparenden Gelierzuckern (2:1, 2+1)

Für besonders viel Fruchtgeschmack und weniger Süße hält der Handel spezielle Gelierzucker bereit, die mit der Hälfte der sonst notwendigen Zuckermenge auskommen. Garant, dass die Früchte trotzdem einwandfrei gelieren und haltbar werden, ist ein zusätzlich beigemengtes Konservierungsmittel (Sorbinsäure).

Ansonsten können Sie ähnlich wie beim Zubereiten der Konfitüren und Gelees mit normalen Gelierzuckern vorgehen (siehe Seite 49). Einziger Unterschied – die Kochzeiten. Sie betragen je nach Fruchtsorte und Zerkleinerungsgrad mindestens 1 bis 3 Minuten für Marmeladen beziehungsweise Konfitüren und für Gelees mindestens 1 Minute. Auch hier bitte sorgfältig nach Herstellerinformationen einkochen.

Mit Zucker und Gelierpulver

Bei der Verwendung von Gelierpulvern sind Sie recht frei in der Wahl des Zuckers. Entscheiden Sie sich für Rohrzucker, weiße Raffinade oder braunen Zucker oder wählen Sie Honig beziehungsweise Fruchtzucker oder Süßstoffe.

Gelierpulver bestehen aus einer Mischung von Traubenzucker (Dextrose), natürlichem Pektin, einem Säuerungsmittel (Zitronen- oder Weinsäure), einem Konservierungsstoff (Sorbinsäure), gehärtetem Fett und Mono- sowie Diglyceriden als Schaumverhüter. Die Säure ist wichtig, weil sie das Gelieren unterstützt (siehe auch Seite 20).

Sie können wählen zwischen Mischungen, die ein Verhältnis von Fruchtmenge zu Zucker von 1:1 oder 2:1 vorsehen oder speziellen Pulvern, die bei 1 Kilogramm Frucht oder 1 Liter Fruchtsaft bereits mit 250 Gramm Süßungsmittel auskommen.

Obstmengen und Kochzeiten beachten

Ganz wichtig bei der Zubereitung ist, dass Sie sich exakt an die Vorgaben der Hersteller richten. Fruchtmengen und Kochzeiten sind unterschiedlich und es wird soweit wie möglich auch schon der Pektineigengehalt der jeweiligen Obstsorte berücksichtigt. Trotzdem sollten Sie stets an die Gelierprobe denken (Seite 42).

Nicht weniger wesentlich – es wird von vorbereitetem, also geputztem Obst ausgegangen. Das bedeutet: Zunächst die Früchte verlesen, waschen, entstielen und/oder entkernen respektive schälen und dann erst die erforderlichen Mengen genau abwiegen.

Marmelade und Konfitüre

Grundrezept mit Zucker und Gelierpulver (1:1 oder 2:1)

1–1,25 kg vorbereitete Früchte
0,5–1 kg Zucker
1 Beutel Gelierpulver
1 Päckchen Zitronensäure (bei säurearmen Früchten)

1. Für die Weiterverarbeitung nur etwa die Hälfte der Frucht-menge pürieren, die andere Hälfte ganz lassen oder je nach Größe in grobe Stücke schneiden.
2. Das Gelierpulver mit etwa 2 Esslöffeln des Zuckers vermi-schen und unter die Früchte mischen.
3. Unter Rühren zum Kochen bringen, den restlichen Zucker einstreuen und erneut sprudelnd aufkochen. Dabei die vom Hersteller angegebene Kochzeit genau beachten.
4. Eine Gelierprobe machen, eventuellen Schaum abschöp-fen, dann die Fruchtmasse noch kochend heiß in die saube-ren Gläser füllen.
5. Am besten, speziell wenn mit wenig Zucker gearbeitet wur-de, die Gläser mit einem Twist-off-Deckel gut verschließen.
6. Die Gläser für etwa 5 Minuten auf den Kopf stellen, das sterilisiert und verteilt die Fruchtstückchen im ganzen Glas.

Gelee

Grundrezept mit Zucker und Gelierpulver (1:1 oder 2:1)

$^3/_4$ l Fruchtsaft
0,4 – 1 kg Zucker
1 Beutel Gelierpulver

1. Den kalten Fruchtsaft mit dem Gelierpulver verrühren und unter Rühren bei starker Hitze zum Kochen bringen.
2. Sobald alles sprudelnd kocht, den Zucker dazugeben und alles erneut zum Kochen bringen. Dabei gut umrühren und laut Anweisung – 1 Minute – sprudelnd kochen lassen.
3. Wird die Gelierprobe fest, eventuell abschäumen, dann das Gelee noch kochend heiß in die vorbereiteten Gläser fül-len. Mit Twist-off-Deckel verschließen und die Gläser für etwa 5 Minuten kopfüber stehen lassen.

Eindeutiger Vorteil der Gelierpulver ist die kurze Kochzeit und recht gute Haltbarkeit des Kochguts. Nach-teil: Die Marmeladen werden unter Um-ständen etwas zäh-flüssig.

Diabetiker-Gelierzucker

Wer aus gesundheitlichen Gründen vorsichtig mit Zucker umgehen soll, muss nicht gleich auf das Selberkochen von Marmeladen oder Gelees verzichten. Der Markt bietet spezielle diätetische Gelierhilfen an, die aus Fruchtzucker oder Zuckeraustauschstoffen und Geliermittel bereits fertig gemischt sind. Pro Packung benötigen Sie 1400 Gramm vorbereitetes Obst oder 1400 Milliliter Saft. Die Zubereitung ist ähnlich einfach wie bei den zuckersparenden Gelierzuckern. Die Kochzeit für Marmeladen und Konfitüren beträgt zwischen 1 und 3 Minuten, das hängt vom Zerkleinerungsgrad der Früchte ab. Gelees sollten Sie mindestens 1 Minute kochen. Noch ein Tipp: Mit Diabetiker-Gelierzucker gekochte Marmeladen schäumen besonders kräftig und sollten auf jeden Fall – auch aus Gründen der Haltbarkeit – gründlich abgeschäumt werden.

Spezielle Gelierzucker ermöglichen auch Diabetikern, leckere Konfitüren und Gelees selbst zu kochen.

Zubereitung in der Mikrowelle?
Eine persönliche Meinung

In nicht wenigen Ratgebern findet man Hinweise zum Einkochen der Konfitüren und Marmeladen auch in der Mikrowelle. Ohne Frage, eine Möglichkeit von vielen.

Persönlich halte ich nicht eben viel davon, da die keineswegs viel schnellere Garzeit in keinem Verhältnis zur umständlichen Handhabung selbst steht. Zwischendurch umrühren bedeutet mehrmals: Mikrowelle ausschalten, Türe öffnen, den Topf herausbugsieren, umrühren und alles wieder zurück in die Mikro, Türe schließen und erneut starten – und meist folgt noch eine wenig erquickliche Säuberungsaktion des Mikrowellenherdes. Denn auch hier spritzt die Marmelade gern aus dem Topf heraus. Es muss eigentlich offen gegart werden, aber selten ist das Gerät groß genug für ein entsprechendes Topfvolumen, das für das sprudelnde Kochen von 500 g Früchten und 500 g Gelierzucker reichen würde. Auch eine Abdeckhaube hilft nicht viel. Sicherlich lassen sich auf diese Weise kleinere Mengen zubereiten, am besten mit zuckersparenden Gelierzuckern – aber sinnvoll erscheint's mir wenig. Die Mikrowelleneigenart, nicht an allen Stellen gleichmäßig zu erhitzen, kommt noch erschwerend hinzu.

Wer es selbst ausprobieren möchte, hier das Grundrezept für 500 g Früchte und 250 g Gelierzucker:

Nur für wirklich kleine Portionen geeignet: Die schnelle Welle.

Aus der Mikrowelle

1. Die Früchte vorbereiten und mit der entsprechenden Menge Gelierzucker (2:1) mischen.
2. Alles etwa 6 Minuten in einer hohen Glasschüssel auf höchster Stufe erhitzen.
3. Zwischendurch und danach gut umrühren.
4. Dann weitere 6 Minuten offen auf höchster Stufe weiter garen lassen. (Ein Spritzschutz kann das größte Malheur verhindern helfen.) Zwischendurch etwa noch zweimal umrühren.
5. Unbedingt eine Gelierprobe machen, da die Wattleistung der Geräte unterschiedlich ist. Geliert's noch nicht, gart man etwa 2 Minuten länger und wiederholt die Probe.
6. Die fertige Konfitüre noch heiß in die Gläser füllen und diese sofort verschließen.

Mit Agar-Agar

Mit Agar-Agar lässt sich die Zuckermenge im Vergleich zur traditionellen Pfund-auf-Pfund-Methode auf die Hälfte reduzieren, was allerdings auf Kosten der Haltbarkeit geht.

Grundrezept mit Agar-Agar

500 g unvorbereitete Früchte oder
$^1/_2$ l Fruchtsaft
1 Zitrone, den Saft davon
250 g Zucker
1 El Agar-Agar

TIPP

Agar-Agar wird im Gegensatz zu den übrigen Gelierhilfsmitteln erst in den heißen Fruchtbrei eingerührt.

1. Die gewaschenen und abgetropften Früchte putzen und zerkleinern. Mit dem Zucker vermischen und abgedeckt über Nacht durchziehen lassen.
2. Am nächsten Tag den Agar-Agar im Zitronensaft auflösen.
3. Die Frucht-Zuckermasse aufkochen und den aufgelösten Agar-Agar unterrühren.
4. Nochmals kurz aufkochen lassen – etwa 2 Minuten – und dann heiß in die vorbereiteten Gläser füllen.
5. Sofort mit Schraubdeckeln verschließen. Für 5 Minuten auf den Kopf stellen.
6. Der Gelierprozess dauert mitunter 1 bis 2 Tage. Die Gläser sollten in dieser Zeit nicht bewegt werden.

Roh gerührte Konfitüre

Es geht auch ohne Kochen. Roh gerührte Konfitüren sind, was Fruchtgeschmack und Vitamingehalt angeht, ungeschlagen. Allerdings sind sie nicht lange haltbar und sollten daher recht flott aufgebraucht werden. Roh gerührte Konfitüren halten sich im Kühlschrank etwa 10 bis 14 Tage. Kleine Zubereitungsmengen sind also ratsam, jedenfalls sollte man sie im Kühlschrank aufbewahren – oder portionsweise einfrieren.

Verwenden Sie immer Obst höchster Qualitätsstufe. Damit sich eine homogene Masse ergibt, sollten Sie nie mehr als 500 Gramm Obst mit 500 Gramm Gelierzucker verarbeiten. Sie können auch normalen Haushaltszucker nehmen oder sogar Honig. Diese kalt gerührten Varianten verlieren vergleichsweise schnell an Farbe.

Konfitüre, roh gerührt

Grundrezept

500 g unvorbereitete Früchte
500 g Gelierzucker
1 El Zitronensaft
einige Tropfen hochprozentiger Alkohol (zum Beispiel Rum)

1. Die gewaschenen Früchte abtropfen lassen, putzen und zerkleinern. Beeren mit einer Gabel zerquetschen.
2. Den Zitronensaft zufügen, dann langsam den Gelierzucker einstreuen und mit einem Mixer so lange verquirlen, bis er sich vollständig aufgelöst hat und die Masse dicklich wird.
3. Noch mindestens 5 Minuten weiter rühren, bis keine Luftbläschen mehr zu entdecken sind.
4. In Gläser mit Schraubdeckelverschluss einfüllen, mit hochprozentigem Alkohol beträufeln und verschließen.

TIPP

Roh gerührte Konfitüren lassen sich im Winter auch aus tiefgekühlten Früchten herstellen.

1. Die vorbereiteten Früchte grob zerkleinern.

2. Den Zitronensaft zufügen und das Obst zermusen.

3. Nach und nach den Gelierzucker einstreuen und so lange verquirlen, bis die Masse dicklich wird.

Pannenhilfe

Problem	mögliche Ursache	Hilfe
Konfitüre (im Glas) ist zu flüssig	• bei Verwendung von Gelierhilfen zu kurz oder auch zu lange gekocht (nach 10 Minuten kochen werden die Pektine zerstört); • bei der traditionellen Methode unter Umständen zu wenig Zucker verwendet	• offen etwa 10 bis 15 Minuten im Backofen erhitzen
Konfitüre (im Glas) ist zu fest	• geschieht meist nur bei mit Einmachzellophan verschlossenen Gläsern, da darin die Konfitüre „austrocknen" kann	• schneiden Sie bei „Zubindegläsern" ein rundes, passendes Zellophanblättchen zurecht, tauchen Sie es in Rum oder hochprozentigen Alkohol und legen Sie es als Abschluss oben auf die Marmelade; • streuen Sie bei „Zubindegläsern" zum Abschluss noch etwas Gelierzucker oben auf die Marmelade (verhindert auch das Schimmeln); • mit etwas heißem Wasser lässt die Konfitüre sich wieder geschmeidig rühren; • heißes Wasser oder Fruchtsaft auf die Oberfläche gießen und gut einziehen lassen
Konfitüre zu flüssig, geliert durch	• bei Verwendung von Gelierhilfen zu kurz oder auch zu lange gekocht (nach 10 Minuten kochen werden die Pektine zerstört); • der Pektingehalt reichte nicht aus	• mit der Hälfte der auf der Packung angegebenen Menge einer Gelierhilfe nicht noch einmal aufkochen – auch wenn Sie mit Gelierzucker gearbeitet haben; • noch einmal aufkochen und 1 Päckchen Tortenguss zufügen; • immer eine Gelierprobe machen! • Geduld bewahren. Der Geliervorgang, speziell bei Gelees, kann bis zu einer Woche andauern – die Gläser möglichst nicht bzw. wenig bewegen
Konfitüre zu fest	• zu viel Gelierhilfen genommen; • bei der traditionellen Methode zu lange eingekocht	• mit etwas heißem Wasser noch einmal kurz aufkochen

Pannenhilfe

Problem	mögliche Ursache	Hilfe
es hat sich auf der Oberfläche Schimmel gebildet	• zu wenig Zucker eingesetzt; • unsauber gearbeitet (Gläser, Küchengeräte etc.); • Gläser nicht sofort verschlossen; • verwendetes Obst war schadhaft bzw. nicht genügend geputzt; • Kochgut wurde nicht abgeschäumt	• wurde nach der 1:1-Methode eingekocht, kann es ausreichen, großzügig die oberen 3 Zentimeter der Marmelade zu entfernen, wobei man allerdings nie weiß, wie weit sich die Pilze im ganzen Glas verbreitet haben; • bei Verwendung von zuckersparenden Gelierhilfen hilft nichts, weg damit! • zur Schimmelverhinderung zum Abschluss etwas Einmachhilfe (Sorbinsäure) oben auf die Konfitüre streuen; • wenn es geschmacklich harmoniert: Preiselbeeren verhindern mit ihrem natürlichen Gehalt an Benzoesäure zuverlässig die Schimmelbildung, auch der Zusatz von Obstlern, Kirschwasser oder Himbeergeist schützt vor dem ungeliebten Pilzbefall
im Marmeladenglas gärt es	• zu wenig Zucker verwendet • unsauber gearbeitet (Gläser, Küchengeräte etc.); • verwendetes Obst war schadhaft bzw. nicht gründlich genug geputzt; • zu kurze Kochzeit	• keine Rettung möglich, die Marmelade schmeckt durch und durch schlecht, sie gehört ohne Wenn und Aber in den Müll!
die Farben der Früchte im Glas sind verblasst	• es wurden zuckersparende Gelierhilfen verwendet; • zu hell gelagert	• eine Messerspitze zusätzliche Ascorbinsäure verhindert das Bräunen der Früchte; • lagern Sie Ihre Konfitüren möglichst dunkel und kühl; • wechseln Sie zur 1:1-Methode, genügend Zucker verhindert zuverlässig den Verlust der Farbe
Gelee ist trübe	• Gelee wurde vor dem Abfüllen nicht abgeschäumt; • bei der Saftgewinnung gelangte zu viel vom Trester in die Flüssigkeit	• damit Gelees leuchtend klar sind, müssen sie stets gut abgeschäumt werden; • achten Sie darauf, dass kein Trester in den Saft gelangt, drücken Sie den Fruchtrückstand im Tuch nicht mit aus – er macht das Gelee trübe

Rezepte, Rezepte, Rezepte ...

Marmeladen, Konfitüren und Gelees

Ananas-Birnen-Konfitüre

1 Ananas (300 g Fruchtfleisch)
700 g Birnen
1 kg Gelierzucker
2 Zimtstangen

1. Die Ananas in Viertel schneiden. Den harten Innenstrunk entfernen, das Fruchtfleisch von der Schale lösen und in kleine Stücke schneiden. Kurz aufkochen und abkühlen lassen.

2. Die Birnen schälen, vierteln, das Kerngehäuse sorgfältig entfernen und die Birnen zerkleinern.

3. Die Früchte mit den Zimtstangen und dem Gelierzucker in einem großen Topf gründlich vermischen und alles unter Rühren zum Kochen bringen. Laut Anleitung einige Minuten kräftig sprudelnd kochen lassen.

4. Gelierprobe machen, die Zimtstangen herausnehmen und die Konfitüre in die sauberen Gläser füllen. Sofort verschließen. Twist-off-Gläser 5 Minuten auf den Kopf stellen.

Abkürzungen und Mengenangaben

kg = Kilogramm
g = Gramm
l = Liter
ml = Milliliter
dl = Deziliter = 100 ml
cl = Zentiliter = 10 ml
El = Esslöffel
Tl = Teelöffel

Ananas-Mango-Konfitüre

1 Ananas (300 g Fruchtfleisch)
2 Mangos (700 g Fruchtfleisch)
¹/₂ Zitrone (Saft)
2 Beutel Gelierpulver
1 kg Zucker
1 Tl Zitronensäure
2 El Whiskey

1. Die Ananas schälen, vom Innenstrunk befreien und in kleine Stücke schneiden. Vom Fruchtfleisch 300 g abwiegen.

2. Die Mangos wie eine Apfelsine einritzen und die Schale abziehen. Vierteln, entkernen, würfeln und 700 g Fruchtfleisch abwiegen.

3. Früchte, Zitronensaft und Gelierpulver in einen großen Topf geben, gut miteinander verrühren und zum Kochen bringen.

4. Bei Kochbeginn den Zucker und die Zitronensäure zufügen und 1 Minute sprudelnd kochen lassen.

5. Nach der Gelierprobe den Topf vom Herd nehmen und den Whiskey einrühren. Sofort in die sauberen Gläser füllen und verschließen.

Variation
Etwas milder fällt die Aromatisierung der Konfitüre mit etwa 2 Esslöffeln Rum aus.

Ananas-Pomelo-Marmelade

2 Pomelos (800 g Fruchtfleisch)
1 Ananas (200 g Fruchtfleisch)
1125 g Zucker
1 Beutel Gelierpulver

1. Die Pomelos schälen und in einzelne Spalten zerlegen. Die Spalten enthäuten, klein schneiden und 800 g abwiegen.

2. Die Ananas schälen, in Scheiben schneiden und den holzigen Kern entfernen. In Stücke schneiden, 200 g Fruchtfleisch abwiegen.

3. Die Früchte, 2 Esslöffel des Zuckers und das Gelierpulver in einen großen Topf geben und miteinander mischen.

4. Alles unter stetem Rühren bei starker Hitze zum Kochen bringen, dann den restlichen Zucker zufügen.

5. Nochmals aufkochen und genau 1 Minute sprudelnd kochen lassen. Rühren nicht vergessen.

6. Gelierprobe machen, eventuell den Schaum abschöpfen und die Marmelade noch heiß in die vorbereiteten Gläser füllen. Die Gläser sofort mit Twist-off-Deckeln verschließen und für 5 Minuten auf den Kopf stellen.

Ananas-Vanille-Konfitüre französischer Art

1 kg Ananasfruchtfleisch
2 Vanilleschoten (Mark)
500 g zuckersparender Gelierzucker
4 cl Kokoslikör (klar) oder weißer Rum

1. Die Ananas schälen, vom harten Innenstrunk befreien und klein schneiden. Vom Fruchtfleisch 1 kg abwiegen.

2. Das Mark aus den Vanilleschoten schaben und zusammen mit der Ananas in einen großen Topf geben. Den Gelierzucker untermischen und alles mindestens 1 Stunde ziehen lassen.

3. Die Zucker-Fruchtmasse aufkochen und nach Anleitung einige Minuten sprudelnd kochen lassen.

4. Wenn die Gelierprobe gelingt, den Topf vom Herd nehmen und den Alkohol einrühren. In saubere Gläser füllen und sofort verschließen. Gläser mit Schraubdeckelverschluss für 5 Minuten auf den Kopf stellen.

Apfel-Birnen-Konfitüre mit Calvados

500 g Äpfel
500 g Birnen
1 kg Gelierzucker
1 Zitrone (Saft)
125 ml Calvados

1. Die gewaschenen Äpfel und Birnen vierteln, die Kerngehäuse entfernen und in kleine Stücke schneiden. Eventuell in der Küchenmaschine zerkleinern.

2. Das Fruchtfleisch mit dem Gelierzucker und dem Zitronensaft gut mischen und abgedeckt über Nacht stehen und Saft ziehen lassen.

3. Am nächsten Tag alles zum Kochen bringen, dabei ständig rühren, damit nichts ansetzt, und 4 Minuten kräftig sprudelnd kochen lassen. Gelierprobe machen, eventuell die Kochzeit verlängern.

4. Den Kochtopf vom Herd nehmen und den Calvados langsam unter die Konfitüre rühren. Noch heiß in saubere Gläser füllen und diese sofort luftdicht verschließen.

TIPP

Nicht geschälte Birnen und besonders rotwangige Äpfel geben dieser Konfitüre zusätzliche Farbtupfer. Sind die Fruchtstückchen klein genug, kann die Schale kaum stören.

Apfel-Feigen-Konfitüre

500 g Äpfel
250 g frische Feigen
750 g Gelierzucker
1 Tl Zimt
2 Zitronen (Saft)

TIPP

Ruhe bewahren – manche Gelees lassen sich Zeit – bis zu einigen Tagen, bis sie wirklich fest werden. Verwenden Sie möglichst kleine Gläser, darin geliert sich's schneller.

1. Die gewaschenen Äpfel vierteln, die Kerngehäuse entfernen und zerkleinern.

2. Von den Feigen die Schale abziehen und das Fruchtfleisch in feine Streifen schneiden.

3. Die Feigen, die Apfelstücke und den Gelierzucker gut miteinander mischen und einige Stunden, am besten über Nacht, abgedeckt durchziehen lassen.

4. Am nächsten Tag den Zimt und den Zitronensaft unterrühren und alles zum Kochen bringen.

5. Laut Anleitung einige Minuten sprudelnd kochen lassen, eine Gelierprobe machen und die Konfitüre in saubere Gläser füllen. Die Gläser verschließen, Twist-off-Gläser für etwa 5 Minuten kopfüber auf den Deckel stellen.

Apfel-Möhren-Gelee nach französischer Art

3 kg Äpfel
4 Zweige Zitronenmelisse
500 ml Wasser
350 g Karotten
500 g Diät-Gelier-Fruchtzucker
10 g Zitronensäure

1. Die gewaschenen Äpfel mit Küchenkrepp abtrocknen, vierteln und grob zerkleinern. Die Kerngehäuse nicht entfernen! Mit der Melisse und dem Wasser aufkochen und weich dünsten.

2. Einen Durchschlag mit einem Mulltuch auslegen, die Äpfel hineingeben und den Saft in einer darunter stehenden Schüssel auffangen und 1200 ml Saft abmessen.

3. Die Karotten schälen und raspeln.

4. Den Saft und die Karotten mit dem Fruchtzucker mischen. Das Ganze unter ständigem Rühren zum Kochen bringen und laut Packungsanweisung sprudelnd kochen lassen.

5. Abschäumen, Gelierprobe machen – eventuell nochmals kurz aufkochen.

6. Das Gelee noch heiß in vorbereitete Gläser füllen und verschließen.

Apfel-Orangen-Gelee mit Zimt

1 kg Äpfel
4 Orangen (Saft)
4 Zitronen (Saft)
etwas Zimt
1 kg Gelierzucker
1 El Honig

1. Die Äpfel gründlich waschen, mit Küchenkrepp abtrocknen, die Kerngehäuse entfernen, klein schneiden und mit etwas Wasser weich kochen.

2. In der Zwischenzeit die Orangen und die Zitronen auspressen und die Geleegläser vorbereiten.

3. Wenn die Äpfel richtig weich gekocht sind, die Apfelstücke und den Zitrussaft durch ein über eine Schüssel gespanntes Mulltuch filtern.

4. 1 l Saft abmessen, in einen Topf geben. Den Zimt und den Honig dazugeben und gut umrühren. Als Letztes den Gelierzucker einrühren und alles aufkochen lassen.

5. Nach 4 Minuten Kochzeit (Anleitung beachten) eine Gelierprobe machen.

6. Den Schaum abschöpfen und das Gelee randvoll in die Gläser füllen. Sofort verschließen und auf den Kopf stellen.

Apfel-Pflaumen-Konfitüre

500 g Sommerpflaumen
500 g Äpfel
1 kg Gelierzucker
4 cl Zwetschgenwasser

1. Die gewaschenen Pflaumen entsteinen und grob zerkleinern.

2. Die Äpfel waschen, mit Küchenkrepp abtrocknen, vierteln und ebenfalls in kleine Stücke schneiden.

3. Das Obst mit dem Gelierzucker vermischen und über Nacht stehen lassen.

4. Am nächsten Tag alles in einem großen Topf aufkochen und 4 Minuten kochen lassen.

5. Gelierprobe machen, eventuell die Kochzeit verlängern. Aufgrund der Äpfel sollte diese Konfitüre allerdings recht gut gelieren.

6. Dann den Topf vom Herd nehmen und das Zwetschgenwasser einrühren. Die fertige Konfitüre noch heiß in die vorbereiteten Gläser füllen.

Variation
Wer es lieber ohne Alkohol mag, kann diese Konfitüre mit einer Stange Zimt und etwa 3 Nelken würzen.

TIPP

Sollte der Saft für das Apfel-Orangen-Gelee nicht ganz ausreichen, pressen Sie notfalls noch eine weitere Orange aus.

Apfel-Zucchini-Konfitüre mit Minze

500 g Zucchini
500 g Äpfel
$^1/_2$ Zitrone (Saft)
500 g zuckersparender Gelierzucker
50 g Zucker
3 El Minzeblättchen

1. Die Zucchini und die Äpfel waschen, trockentupfen und fein raspeln. Mit dem Zitronensaft und dem Gelierzucker vermischen und etwa 10 Minuten ziehen lassen.

2. In der Zwischenzeit den Zucker mit 2 Esslöffeln Wasser aufkochen. Den Topf vom Herd nehmen und die grob gehackten Minzeblättchen einrühren.

3. Die Zucchini-Apfel-Masse zum Kochen bringen und laut Anleitung sprudelnd kochen.

4. Anschließend die Zucker-Minze-Lösung dazugeben und gut unterrühren.

5. Die fertige Konfitüre in die Gläser einfüllen und sofort mit Schraubdeckeln verschließen. 5 Minuten kopfüber stehen lassen.

Variation
Wer den Minzgeschmack mag, kann zur Abrundung noch 2 cl Pfefferminzlikör zugeben.

Die kleinen, rotorangefarbenen Sanddornbeeren gehören zu den Vitamin-C-reichsten Früchten. Das Pflücken ist etwas heikel, denn die reifen Beeren platzen schnell und werden von unangenehmen Dornen „beschützt". Am besten schneiden Sie die Beeren vor dem ersten Frost an den kurzen Stielen ab.

Apfel-Sandorn-Konfitüre

750 g Äpfel
100 g Sanddornbeeren
$^1/_2$ Tl Zimt
2 Gewürznelken
500 g zuckersparender Gelierzucker

1. Die gewaschenen Äpfel vierteln, die Kerngehäuse entfernen und klein schneiden.

2. Die Sanddornbeeren verlesen, pürieren und zu den Äpfeln geben. Die Gewürze und den Gelierzucker untermischen und alles aufkochen.

3. Laut Anweisung einige Minuten sprudelnd kochen lassen, dann noch heiß in die vorbereiteten Gläser füllen.

Apfelkonfitüre mit grünen Tomaten

500 g grüne Tomaten
500 g Äpfel
1 kg Gelierzucker
1 Zitrone (Saft)

1. Die Tomaten waschen, vierteln und in Streifen schneiden.

2. Die Äpfel waschen, vierteln, die Kerngehäuse entfernen und würfeln.

3. Die Tomaten und die Äpfel mit dem Gelierzucker gut vermischen, abdecken und 12 Stunden ziehen lassen.

4. Am nächsten Tag den Zitronensaft zufügen. Alles unter Rühren zum Kochen bringen und etwa 4 Minuten weiterkochen (Packungsanweisung beachten!).

5. Gelingt die Gelierprobe, die Konfitüre noch kochend heiß in die vorbereiteten Gläser füllen und diese sofort verschließen.

6. Gläser mit Twist-off-Deckeln für 5 Minuten auf den Kopf stellen. So entsteht ein Vakuum und die Fruchtstückchen können sich gleichmäßig in der Konfitüre verteilen.

TIPP

Mögen Sie Ingwer? Dann verfeinern Sie diese aparte Konfitüre noch zusätzlich mit etwas gemahlenem Ingwer.

Apfelkonfitüre mit Pfefferminz

200 g frische Pfefferminzblätter
500 ml Apfelsaft, ungesüßt
125 ml Wasser
750 g Äpfel
$^1/_2$ Tl Ingwerpulver
1 gehäufter Tl Zitronensäure
500 g zuckersparender Gelier-zucker

TIPP

Marmeladen, Kon-fitüren oder Gelees, die Sie mit Kräutern verfeinern, sollten Sie stets in Twist-off-Glä-ser füllen. Durch das Auf-den-Kopf-Stellen wird nicht nur der Deckel sterilisiert, die feinen Kräuterbe-standteile verteilen sich so besser.

1. Die Pfefferminze abbrau-sen, mit Küchenkrepp tro-ckentupfen, die Blättchen ab-zupfen und grob hacken.

2. Die gehackte Pfefferminze zu dem Apfelsaft und dem Wasser geben, aufkochen und zugedeckt etwa 30 Minuten köcheln. Über Nacht gut durchziehen lassen.

3. Am nächsten Tag den Pfef-ferminzsud durch ein feinma-schiges Sieb in einen großen Topf abseihen.

4. Die gewaschenen, nicht geschälten Äpfel grob raspeln und mit dem Ingwer und der Zitronensäure zum Sud fügen.

5. Den Gelierzucker einstreu-en und alles gut miteinander vermischen. Das Ganze auf-kochen und nach Anweisung einige Minuten brausend ko-chen lassen.

6. Nach der Gelierprobe die Konfitüre in die vorbereiteten Gläser füllen. Mit Twist-off-Deckeln verschließen und für etwa 5 Minuten auf den Kopf stellen.

Apfelkraut

2 kg Äpfel
2 kg Birnen

1. Die Äpfel und Birnen wa-schen, trockentupfen, schad-hafte Stellen entfernen, die Stiele abzupfen und vierteln.

2. Die Früchte entsaften, am besten im Dampfentsafter.

3. Den Saft in einen großen Topf geben und so lange auf starker Hitze kochen lassen, bis ein dicker zäher Sirup ent-steht. Ab und an umrühren, damit nichts am Topfboden ansetzt.

4. In Gläser füllen und ver-schließen.

Aprikosen-Honig-melonen-Konfitüre

250 g Aprikosen
250 g Honigmelone (Frucht-fleisch)
250 g zuckersparender Gelier-zucker
1 Zitrone (Saft)

1. Die gewaschenen Aprikosen mit Küchenkrepp trockentupfen, halbieren und die Steine entfernen.

2. Die Honigmelone vierteln, die Kerne mit einem Löffel herausnehmen und das Fruchtfleisch von der Schale lösen. 250 g abwiegen und in grobe Stücke zerkleinern.

3. Die Aprikosen und die Melone im Mixer zu einem Fruchtbrei pürieren.

4. Den Zitronensaft unter den Fruchtbrei rühren, dann den Gelierzucker untermischen und alles zum Kochen bringen. Dabei ständig rühren, damit nichts anbrennt, und ab Kochzeitpunkt die Konfitüre nach Anleitung sprudelnd weiterkochen. Gelierprobe nicht vergessen!

6. Die Konfitüre abschäumen, heiß in saubere Gläser füllen und sofort verschließen.

Aprikosen-Maracuja-Konfitüre

500 g Aprikosen
600 ml Maracujasaft
500 g Zucker
1 Beutel zuckersparendes Gelierpulver
1 Zitrone (Saft)

1. Die Aprikosen waschen, halbieren, entkernen und grob zerkleinern.

2. Die Früchte mit einem Pürierstab „zermusen" und mit dem Maracujasaft in einen großen Topf geben.

3. Das Gelierpulver mit 2 Esslöffeln des Zuckers mischen und in den Topf geben. Alles gut verrühren.

4. Unter ständigem Rühren die Masse zum Kochen bringen, dann den restlichen Zucker einstreuen, den Zitronensaft zufügen und erneut aufkochen lassen. Nach Anleitung bis zum Gelieren weiterkochen. Dabei ab und an umrühren.

5. Abschäumen und die Konfitüre in saubere Gläser füllen. Diese sofort verschließen. Twist-off-Gläser etwa 5 Minuten auf den Kopf stellen.

TIPP

Noch feiner in ihrer Konsistenz wird diese Konfitüre, wenn Sie die Aprikosen kurz in heißes Wasser tauchen und die Haut abziehen.

Aprikosen besitzen ein kräftiges Aroma. Wählen Sie daher einen nicht zu milden Rotwein für diese aparte Konfitüre.

Aprikosen-Rotwein-Konfitüre

950 g Aprikosen
500 ml Rotwein
1 Beutel zuckersparendes Gelierpulver
500 g Zucker

1. Die gewaschenen Aprikosen halbieren, entkernen und klein schneiden. Mit dem Rotwein in einen Topf geben.

2. Das Gelierpulver mit etwas Zucker vermischen und unter die Aprikosen rühren.

3. Aufkochen, dann den übrigen Zucker dazugeben und alles erneut zum Kochen bringen. 1 Minute sprudelnd kochen.

4. Gelierprobe machen, dann die fertige Konfitüre in saubere Gläser füllen.

Variation
Geben Sie etwa 30 g gehobelte Mandeln nach dem ersten Aufkochen zu.

Aprikosenkonfitüre mit Zitronenmelisse

1 kg reife Aprikosen
1 kg Gelierzucker
40 g Zitronenmelisse, fein gehackt

1. Die gewaschenen und abgetrockneten Aprikosen entsteinen und grob zerkleinern.

2. Mit dem Gelierzucker vermischen und über Nacht in einer Schüssel abgedeckt stehen lassen.

3. Am nächsten Tag unter Rühren zum Kochen bringen und genau 4 Minuten sprudelnd kochen lassen.

4. Die fein gehackte Zitronenmelisse unterrühren und die Konfitüre noch einmal kurz aufkochen lassen. Sicherheitshalber die Gelierprobe vornehmen.

5. Die fertige Konfitüre in die sauberen Gläser füllen, sofort verschließen und für 5 Minuten auf den Kopf stellen.

Bananen-Apfel-Konfitüre

700 g Bananen
300 g säuerliche Äpfel
1 Zitrone (Saft)
200 ml Wasser
500 g zuckersparender Gelierzucker

1. Die Bananen schälen und in kleine Stücke schneiden.

2. Die Äpfel waschen, trockentupfen, vierteln und die Kerngehäuse sorgfältig entfernen. Apfelviertel in kleine Schnitze schneiden.

3. Die Früchte in dem Wasser und dem Zitronensaft bei mittlerer Hitze weich dünsten. Den Fruchtbrei abkühlen lassen.

4. Nun den Gelierzucker unter die Fruchtmasse mischen und alles erneut zum Kochen bringen.

5. Nach Anleitung die Konfitüre einige Minuten lang sprudelnd kochen lassen, dann noch heiß in die sauberen Gläser füllen. Gelierprobe nicht vergessen!

Variation
Geben Sie dieser Konfitüre eine ganz besondere Note und rühren Sie zum Schluss, kurz vor dem Abfüllen noch etwa 2 cl Bananenlikör ein.

Bananen-Grapefruit-Marmelade

125 ml Grapefruitsaft, frisch gepresst
500 g Bananen, geschält
2 El Kokosraspeln
125 ml trockener Weißwein
1 kg Gelierzucker

1. Die Bananen in dünne Scheiben schneiden. Eventuell nach Belieben mit der Gabel zerdrücken.

2. Die Grapefruits halbieren, auspressen und 125 ml Saft abmessen.

3. Den Grapefruitsaft und den Weißwein zusammen mit den zerkleinerten Bananen in einen großen Topf geben. Den Gelierzucker und die Kokosraspeln hinzufügen, alles gut verrühren und zum Kochen bringen.

4. Vom Beginn des Kochzeitpunktes an 4 Minuten sprudelnd kochen lassen. Gelierprobe nicht vergessen.

5. Noch heiß in die vorbereiteten Gläser füllen und diese sofort verschließen. Twist-off-Gläser für 5 Minuten auf den Kopf stellen

Variation
Ersetzen Sie den Weißwein durch frisch gepressten Orangensaft.

TIPP

Zu den beiden Bananenkonfitüren passt bestens ein Hauch von Ingwer. Wer dieses Gewürz mag, gibt 10 bis 20 g frischen, sehr fein gehackten Ingwer dazu.

Bananen-Kiwi-Konfitüre

4 Bananen (500 g Fruchtfleisch)
8–10 Kiwis (500 g Fruchtfleisch)
2 Zitronen (Saft)
500 g zuckersparender Gelierzucker

1. Die Bananen und die Kiwis schälen und das Fruchtfleisch grob zerkleinern.

2. Die Früchte in einen großen Topf geben und pürieren. Nicht zu sehr, kleinere Fruchtstücke sollten noch übrig bleiben.

3. Den frisch gepressten Zitronensaft und den Gelierzucker dazugeben, alles gut vermischen und unter ständigem Rühren aufkochen, damit nichts ansetzen kann.

4. Nach Anleitung einige Minuten kräftig kochen lassen und abschließend sicherheitshalber eine Gelierprobe vornehmen.

5. Die fertige Konfitüre noch heiß in die sauberen Gläser füllen und diese sofort mit Twist-off-Deckeln verschließen und 5 Minuten auf den Kopf stellen.

Variation
Verfeinern Sie diese Konfitüre mit etwa 4 cl Bananenlikör.

Berberitzen-Apfel-Gelee

500 g Berberitzen
500 g Äpfel
500 g Gelierzucker

1. Die gewaschenen und verlesenen Berberitzen mit den in Vierteln geschnittenen Äpfeln entsaften – am besten in einem Dampfentsafter.

2. Den Saft abkühlen lassen, mit dem Gelierzucker mischen und in einem großen Topf zum Kochen bringen.

3. Nach Packungsanleitung sprudelnd kochen lassen und die Gelierprobe machen. Eventuell die Kochzeit etwas verlängern.

4. Den Schaum abschöpfen und das Gelee noch heiß in die sauberen Gläser füllen und sofort verschließen.

Variation
Berberitzen-Apfel-Konfitüre: Entsaften Sie nur die Berberitzen, messen Sie 500 ml Saft ab und mischen Sie diesen mit 500 g zerkleinerten Äpfeln. Alles aufkochen, die Apfelstücke eventuell mit einem Kartoffelstampfer zerdrücken, dann 1 kg Zucker einrühren und bis zum Gelieren weiterkochen.
Diese herbe Konfitüre ist eine willkommene Abwechslung bei Wildgerichten.

Berberitzen kennen wir als immergrüne Zierde unserer Gärten. Die länglichen, scharlachroten Beeren dieser Sträucher schmecken herbsäuerlich und verleihen entsaftet dem Apfelgelee ein ganz besonderes Aroma.

Birnen-Apfel-Kraut mit Datteln

1,5 kg Birnen
500 g Äpfel
400 g Datteln
2 Päckchen Zitronensäure

1. Die Birnen und die Äpfel waschen, vierteln und die Stiele sowie die Kerngehäuse entfernen. Grob würfeln und in einen großen Kochtopf füllen.

2. Die Datteln entsteinen, halbieren und zu den Birnen und Äpfeln geben. Mit 1 l Wasser auffüllen und die Früchte bei mittlerer Hitze weich kochen.

3. Die Früchte mit Hilfe einer Flotten Lotte passieren und das Fruchtmark sowie den Saft in einer Schüssel auffangen.

4. Den Saft und den Fruchtbrei nun wieder zurück in den Kochtopf geben, mit der Zitronensäure mischen und alles so lange bei mittlerer Hitze kochen, bis die Masse genügend eingedickt ist. Dabei ab und zu umrühren, damit nichts am Topfboden ansetzen kann.

5. Das Kraut ist fertig, wenn die Konsistenz etwa der eines zähen Pflaumenmuses entspricht. Dann kann es – noch heiß – randvoll in die vorbereiteten Gläser gefüllt werden. Die Gläser mit dem Boden leicht auf die Stellfläche klopfen, damit Luftblasen entweichen können.

6. Mit Schraubdeckeln verschließen und etwa 5 Minuten auf den Kopf stellen.

Dieses leckere Kraut aus dem Rheinland kommt ohne zusätzlichen Zucker aus – die Süße der Früchte, besonders die der Datteln, genügt völlig. Was Sie allerdings brauchen, ist Geduld, Geduld und nochmals Geduld. Bis die Masse zu einem Mus reduziert ist, können gut und gerne drei Stunden vergehen. Wenn Sie allerdings einmal etwas Besonderes verschenken möchten, dann lohnt sich der Aufwand.

Birnenkonfitüre

500 g reife Birnen
500 g Gelierzucker
$^1/_2$ unbehandelte Zitrone
(geriebene Schale)
1 Zitrone (Saft)
1 Nelke
2 kandierte Ingwerstücke
2 cl Williams Christ

1. Die Birnen waschen, mit Küchenkrepp gründlich abtrocknen, putzen und mit Schale in relativ kleine Würfel schneiden.

2. Die Ingwerstücke sehr fein zerkleinern.

3. Die Früchte mit den Gewürzen, dem Zitronensaft und dem Gelierzucker mischen und über Nacht ziehen lassen.

4. Am nächsten Tag alles in einem großen Topf zum Kochen bringen. Ab Kochzeitpunkt nach Anleitung etwa 4 Minuten sprudelnd kochen lassen.

5. Nach der Gelierprobe den Topf vom Herd nehmen und den Birnenschnaps einrühren. Die fertige Konfitüre in Gläser füllen und sofort verschließen.

Man nehme – aus Omas Rezeptsammlung

Latwerge zu kochen

Unter Latwerge [griech.] verstand man früher in erster Linie eine in Breiform, mit Mus oder Sirup verrührte Arznei. Heute steht Latwerge für ein eingedicktes Fruchtmus – ganz ohne Medikament.

Es werden gute, reife Zwetschen gewaschen und dann ausgekernt. Zu 1 Malter nimmt man ungefähr 6 Maas Wasser, wenn dieses kocht, thut man die Zwetschen dazu und läßt sie 2 Stunden darin, ohne sie zu rühren. Alsdann müssen sie aber ohne Aufhören 24 Stunden lang gerührt werden. Zuletzt wirft man 2 Loth Zimmt, 2 Loth Nelken und nach Gutdünken Pommeranzenschalen dazu, und um genau zu wissen, daß die Latwerge weder zu flüssig noch zu dick sei, tue man ein kleinwenig auf einen zinnernen Teller, kehre diesen um, und wenn der Tropfen nicht herunterfällt, so ist sie gut. Nun schöpft man sie in steinerne Töpfe, welche zuvor in der Wärme eine zeitlang gestanden, läßt sie 14 Tage lang an einem kühlen Ort offen stehen, bindet dann dieselben mit starkem Papier zu, sticht oben Löchelchen hinein und bewahrt so die Latwerge zum Gebrauch auf.
(Wenn man Löschpapier in Branntwein taucht und es oben of die Töpfe legt, so kann man die Latwerge sehr lange aufheben, ohne daß sie schimmlich wird.)

(aus: Supp', Gemüs' und Fleisch.
Ein Kochbuch für bürgerliche Haushaltungen, Darmstadt, 1872)

Birnen-Preiselbeer-Konfitüre

500 g Birnen
500 g Preiselbeeren
1 kg Gelierzucker

1. Die gewaschenen Birnen vierteln, vom Kerngehäuse befreien und in kleine Stücke schneiden. Mit etwas Wasser aufkochen, bis die Schnitze glasig und fast weich sind.

2. In der Zwischenzeit die Preiselbeeren verlesen, waschen, abtropfen lassen. Dann in eine Schüssel geben und mit einer Gabel zerdrücken.

3. Nun die zerdrückten Preiselbeeren zu den Birnen geben, den Gelierzucker unterrühren und alles erneut zum Kochen bringen.

4. Etwa nach 4 Minuten vom Kochzeitpunkt an sollte die Konfitüre gelieren.

5. Die Fruchtmasse noch heiß in die Gläser füllen und verschließen. Twist-off-Gläser 5 Minuten auf den Kopf stellen.

Variation
Preiselbeeren besitzen genügend eigenes Pektin und Benzoesäure, was sich positiv auf die Lagerfähigkeit auswirkt. Daher können Sie den Gelierzucker durch normalen Zucker ersetzen.

Bitterorangenmarmelade, englische Art

6 Bitterorangen
500 ml Wasser
3 Blondorangen (Saft)
1 unbehandelte Zitrone (Saft)
500 g Zucker auf
500 g Fruchtmasse

1. Die Bitterorangen samt Schale vierteln, dabei alle Kerne auslösen und diese in ein Musselinsäckchen geben.

2. Die Schale hauchdünn abschälen, das Weiße entfernen, beides in Streifen schneiden und das Fruchtfleisch filetieren und fein würfeln.

3. Die Schalenstreifen, das Weiße und die Trennhäutchen zu den Kernen in das Säckchen geben und mit den Orangen in einen großen Kessel geben. Mit dem Wasser auffüllen, abdecken.

4. Am nächsten Tag alles kochen, bis die Fruchtstücke zerfallen. Abkühlen lassen.

5. Das Musselinsäckchen entfernen, den Orangen- und Zitronensaft dazugießen und 500 g Fruchtmasse abwiegen.

6. Mit der gleichen Menge Zucker vermischen und alles einkochen, bis die Masse geliert. Die fertige Marmelade in die Gläser füllen.

INFO
Die Bitterorangenmarmelade braucht Zeit. Geschmacks- und Aromastoffe, die in der Schale, Kernen und Trennhäutchen stecken, werden über Nacht mazeriert, sprich „ausglaugt".

Brombeer-Apfel-Holunderbeer-Konfitüre

500 g Brombeeren
250 g Äpfel
250 g Holunderbeeren
1 Zitrone (Saft)
1 kg Gelierzucker

TIPP

Brombeeren wie auch die schwarzen Holunderbeeren (Fliederbeeren) finden Sie häufig an Wald- und Wiesenrändern.

1. Die Brombeeren verlesen, waschen und gründlich abtropfen lassen.

2. Die gewaschenen Äpfel vierteln, die Kerngehäuse entfernen und das Fruchtfleisch in kleine Stücke schneiden.

3. Die Holunderbeeren waschen, abtropfen lassen und von den Dolden streifen.

4. Die Beeren in einen großen Topf geben und mit einer Gabel leicht zerdrücken. Die Apfelstücke und den Gelierzucker dazugeben und das Ganze gründlich miteinander vermengen. Alles mindestens 12 Stunden abgedeckt ziehen lassen.

5. Anschließend den Zitronensaft zum Frucht-Zucker-Gemisch geben und alles zum Kochen bringen.

6. Die Masse einige Minuten – nach Packungsanleitung – kochen lassen. Gelierprobe machen, eventuell noch 1 Minute weiter kochen.

7. Die Marmelade kochend heiß in die vorbereiteten Gläser füllen und sofort verschließen.

Brombeer-Aprikosen-Konfitüre, roh gerührt

250 g Brombeeren
300 g Aprikosen
250 g zuckersparender Gelierzucker

1. Die gewaschenen Aprikosen halbieren, entkernen und klein schneiden.

2. Die Brombeeren vorsichtig waschen, abtropfen lassen und verlesen.

3. Die Früchte mit dem Gelierzucker mischen und im Mixer etwa 8 bis 10 Minuten pürieren, bis sich der Zucker vollständig gelöst hat und die Masse dicklich wird.

4. Die Konfitüre in Gläser füllen und diese verschließen. Diese roh gerührte Konfitüre hält sich im Kühlschrank etwa 3 Monate.

Brombeerkonfitüre nach schlesischer Art

1 kg Brombeeren, geputzt
1125 g Zucker
¹/₂ Flasche flüssige Gelierhilfe
10 g Zitronensäure
125 ml Brombeerlikör (Kroatzbeere)

1. Etwa die Hälfte der gewaschenen Beeren gut zerdrücken, diese Masse dann mit dem Zucker und der Zitronensäure vermischen und unter ständigem Rühren zum Kochen bringen.

2. Die restlichen Früchte dazugeben, die Gelierhilfe einrühren und alles einmal kurz aufkochen lassen.

3. Den Topf vom Herd nehmen und den Likör einrühren. Noch heiß in die vorbereiteten Gläser füllen und gut verschließen.

TIPP

Wenn Sie es lieber antialkoholisch mögen: Sie können den Likör durch frisch gepressten Orangensaft ersetzen. In diesem Fall sollten Sie allerdings noch einige Esslöffel Zucker zufügen.

TIPP

Cranberries, die kanadischen Verwandten unserer heimischen Preiselbeeren, sollten Sie nicht zu lange weich kochen, da die Beeren sehr schnell – auch ohne Geliermittel und Zuckerzusatz – gelieren.

Cranberry-Birnen-Konfitüre mit braunem Zucker

340 g Cranberries (1 Beutel)
500 g Birnen
1 Zitrone (Saft)
2 Orangen (Saft)
500 g brauner Zucker
1 Beutel zuckersparendes Gelierpulver

1. Die Cranberries waschen, abtropfen lassen und mit etwa 125 ml Wasser weich kochen. Die Früchte sollten platzen. Achtung, das kann gehörig spritzen. Abkühlen lassen und noch feste Beeren mit dem Kartoffelstampfer zerdrücken.

2. In der Zwischenzeit die gewaschenen Birnen von Stielen und Kerngehäusen befreien und in kleine Stücke schneiden. Hartschalige Birnen sollten geschält werden.

3. Die Zitrone und die Orangen auspressen und 250 ml Saft abmessen.

4. Die Birnen, den Saft und das mit 2 Esslöffeln Zucker vermischte Gelierpulver unter die abgekühlten Cranberries rühren. Die Fruchtmasse aufkochen.

5. Nun den Zucker unter ständigem Rühren dazugeben und alles erneut zum Kochen bringen. Zu große Fruchtstücke können kurz vor dem Kochzeitpunkt noch einfach mit dem Kartoffelstampfer zerdrückt werden.

6. Nach Anleitung sprudelnd kochen lassen (Gelierprobe!). Dann die noch heiße Konfitüre in die Gläser füllen und sofort verschließen. Twist-Off-Deckel-Gläser für 5 Minuten auf den Kopf stellen.

Variation
Liebhaber leicht herber Konfitüren werden an dieser süß-säuerlichen Mischung Freude haben. Wer möchte, kann noch etwa 2 cl Williams Christ kurz vor dem Befüllen der Gläser unterrühren.

Ebereschen-Zwetsch-gen-Konfitüre

750 g Ebereschen
250 g Zwetschgen
1 kg Gelierzucker
2–3 cl Wodka

1. Die Ebereschen sorgfältig verlesen und waschen. Mit etwas Wasser aufkochen und durch ein feinmaschiges Sieb passieren.

2. Während die Ebereschen kochen, die gewaschenen Pflaumen halbieren, entsteinen und ebenfalls weich kochen.

3. Die Früchte abwiegen und mit der entsprechenden Menge Gelierzucker in einen großen Topf geben. Gut miteinander vermischen und nach Anleitung sprudelnd kochen lassen, bis die Gelierprobe gelingt.

4. Gegebenenfalls Schaum abschöpfen, danach den Topf vom Herd nehmen und den Wodka einrühren.

5. Die fertige Konfitüre noch heiß in die sauberen Gläser füllen und diese sofort luftdicht verschließen.

Variation
Whiskey verleiht dieser aparten Konfitüre eine noch interessantere Note.

Ebereschengelee nach finnischer Art

3,5 kg Ebereschenbeeren, geputzt
1 l Wasser
1 kg Gelierzucker pro
1000 ml Ebereschensaft

1. Die gewaschenen Beeren in dem Wasser weich kochen, ausdrücken und durch ein Sieb streichen.

2. Den Saft wegen der erforderlichen Zuckermenge genau abmessen, aufwärmen und die berechnete Zuckermenge dazugeben. Ohne Rühren etwa 5 Minuten bei milder Hitze kochen lassen.

3. Gelierprobe machen, dann den Schaum abschöpfen und das Gelee noch heiß in die vorbereiteten Gläser füllen.

4. Die Gläser 1 Tag offen stehen lassen, dann luftdicht verschließen.

TIPP

In Finnland reicht man dieses herbe Gelee gerne zu Wildgerichten.

Die leuchtend roten Ebereschen kennen viele auch als so genannte Vogelbeeren. Durch den hohen Gehalt an Bitter- und Gerbstoffen sind sie roh ungenießbar. Nach dem ersten Frost werden sie etwas milder. Trotzdem sollten Sie die Beeren vor dem Zubereiten entbittern:
Lassen Sie sie hierzu in einer 4-prozentigen Essiglösung über Nacht ziehen.

TIPP

Besonders aromatisch werden Erdbeerkonfitüren, wenn man sie aus Walderdbeeren herstellen kann. Diese wesentlich kleineren Früchte als die bekannte Gartenerdbeere finden Sie in den Monaten von Juni bis September an Waldwegen und sonnigen Lichtungen.

Erdbeer-Ananas-Konfitüre

1 Ananas (500 g Fruchtfleisch)
500 g Erdbeeren
1 kg Gelierzucker
4 cl Rum

1. Die Ananas vierteln, den harten Strunk entfernen, das Fruchtfleisch von der Schale lösen und in kleine Stücke schneiden.

2. Die Ananasstückchen mit dem Gelierzucker mischen und über Nacht, abgedeckt in einer großen Schüssel, Saft ziehen lassen.

3. Die Erdbeeren abbrausen, das Grün entfernen und die Früchte je Größe halbieren oder vierteln.

4. Die Ananas-Zucker-Mischung zum Kochen bringen, etwa 4 Minuten kräftig kochen lassen.

5. Die Erdbeerstückchen dazufügen und alles noch einmal brausend aufkochen lassen – etwa 1 Minute. Gelierprobe vornehmen.

6. Den Topf vom Herd nehmen, abschließend den Rum unterrühren und die Konfitüre noch heiß in die Gläser füllen. Diese sofort verschließen. Gläser mit Schraubdeckelverschluss auf den Kopf stellen.

Erdbeer-Aprikosen Konfitüre

600 g Aprikosen
500 g Erdbeeren
30 g frischer Ingwer
etwas Minze
500 g Gelierzucker

1. Die Aprikosen waschen, kurz in kochendes Wasser tauchen. Die Haut abziehen, dann entsteinen und klein schneiden.

2. Die Erdbeeren vorsichtig waschen, gut abtropfen lassen, Stiele und Blättchen entfernen und ebenfalls klein schneiden.

3. Die dem Zucker entsprechende Menge Fruchtfleisch abwiegen. Nach Belieben Ingwer schälen und fein würfeln. Die Minze waschen und die Blättchen von den Zweigen zupfen. Fein hacken.

4. Die Früchte, den Ingwer und den Gelierzucker in einem großen Kessel miteinander vermischen. Unter ständigem Rühren alles aufkochen und gemäß Anleitung sprudelnd kochen lassen. Zum Schluss die gehackte Minze zufügen.

5. Nach der Gelierprobe die Konfitüre in die vorbereiteten Gläser füllen und sofort fest verschließen.

Erdbeer-Rhabarber-Konfitüre

750 g Erdbeeren
750 g junger Rhabarber (möglichst rote Sorte)
1 unbehandelte Zitrone (Saft und Schale)
1,5 kg Gelierzucker

1. Die Erdbeeren verlesen, vorsichtig waschen und abtropfen lassen. Von den Blättchen befreien und grob zerkleinern.

2. Den Rhabarber waschen, putzen und in etwa 1 cm lange Stücke schneiden.

3. In einer großen Schüssel die Früchte, die Zitronenschale, den Zitronensaft mit dem Gelierzucker gut miteinander vermengen und mindestens 12 Stunden, am besten über Nacht, Saft ziehen lassen.

4. Am nächsten Tag alles unter ständigem Rühren zum Kochen bringen. Vom Kochzeitpunkt an 4 Minuten kräftig kochen lassen.

5. Nach der Gelierprobe den Schaum abschöpfen und die Konfitüre noch kochend heiß in die sauberen Gläser füllen. Mit vorbereiteter Einmachhaut oder Schraubdeckeln luftdicht verschließen.

Erdbeer-Rhabarber-Konfitüre (Finnland)

1 kg junger Rhabarber
2 l (etwa 1,5 kg) Erdbeeren
400 ml Wasser
1,5 kg Zucker

1. Aus dem Wasser und dem Zucker eine zähe Zuckerlösung kochen.

2. Die klein geschnittenen Rhabarberstücke und die halbierten Erdbeeren dazugeben. Alles langsam kochen lassen, vorsichtig umrühren.

3. Wird die Gelierprobe fest, den Schaum abschöpfen und die Fruchtmasse noch heiß in die vorbereiteten Gläser füllen.

4. Twist-off-Gläser für etwa 5 Minuten auf den Kopf stellen.

TIPP

Die Erdbeer-Rhabarber-Konfitüre schäumt kräftig. Benutzen Sie deshalb einen möglichst großen Topf, damit die Fruchtmasse kräftig sprudelnd kochen kann, ohne dass die Hälfte überkocht.

Erdbeer-Rotwein-Konfitüre nach italienischer Art

2 El Zucker
6 Zweige frisches Basilikum
1 kg Erdbeeren
250 ml italienischer, trockener Rotwein
500 g zuckersparender Gelierzucker

1. Das Basilikum abbrausen, trockentupfen und die Blättchen abzupfen, grob hacken.

2. Die 2 Esslöffel Zucker mit 3 Esslöffeln Wasser erhitzen, bis der Zucker sich vollständig gelöst hat. Dann das Basilikum zufügen und gut ziehen lassen.

3. In der Zwischenzeit die Erdbeeren waschen und abtropfen lassen. Die Beeren putzen, in einen großen Topf geben, mit einer Gabel leicht zerdrücken und kurz aufkochen. Abkühlen lassen und durch eine Flotte Lotte streichen.

4. Die Masse mit dem Wein auf 1 l Gesamtmenge auffüllen. Den Gelierzucker einrühren und alles zum Kochen bringen.

5. Laut Packungsanleitung sprudelnd kochen. Zum Schluss die Basilikumblättchen aus der Zuckerlösung dazugeben. Gut umrühren.

6. Die noch heiße Konfitüre in saubere Gläser füllen und mit Twist-off-Deckeln verschließen.

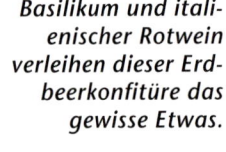

Basilikum und italienischer Rotwein verleihen dieser Erdbeerkonfitüre das gewisse Etwas.

Erdbeer-Stachelbeer-Konfitüre

500 g Erdbeeren
500 g grüne Stachelbeeren
500 g Zucker
1 Beutel zuckersparendes Gelierpulver

1. Die Erdbeeren behutsam säubern, von den Blättchen befreien und je nach Größe halbieren oder vierteln.

2. Die Stachelbeeren waschen, über einem Sieb abtropfen lassen. Die Stielansätze entfernen und die Beeren halbieren, größere eventuell vierteln.

3. Das Gelierpulver mit 2 Esslöffeln des Zuckers und der Fruchtmasse in einem großen Topf gut verrühren. Das Ganze unter ständigem Rühren bei starker Hitze zum Kochen bringen.

4. Sobald alles kräftig kocht, den restlichen Zucker unterrühren und die Fruchtmasse noch einmal zum Kochen bringen. 1 Minute kochen lassen.

5. Wenn die Gelierprobe fest wird, die Konfitüre sofort randvoll in die vorbereiteten Gläser füllen. Mit Twist-off-Deckeln verschließen und für etwa 5 Minuten kopfüber auf die Deckel stellen.

Erdbeer-Waldmeister-Gelee

2 kg Erdbeeren
1 kg Gelierzucker
1 Zitrone (Saft)
$^1/_2$ Bund frischer Waldmeister

1. Die Erdbeeren vorsichtig waschen, mit Küchenkrepp trockentupfen, entstielen und in 500 ml Wasser weich kochen.

2. In der Zwischenzeit den Waldmeister abbrausen, mit Küchenkrepp trockentupfen und die Blättchen abzupfen. Beiseite stellen.

3. Wenn die Erdbeeren weich gekocht sind, ein Sieb mit einem Mulltuch auskleiden und den Erdbeersaft über einer Schüssel abfiltern. 750 ml Saft abmessen.

4. Den Gelierzucker und den Zitronensaft in den abgekühlten Erdbeersaft einrühren und alles zum Kochen bringen. Ab Kochzeitpunkt laut Herstellerangaben einige Minuten wallend kochen lassen.

5. Die Waldmeisterblättchen unterrühren und noch einmal aufkochen lassen.

6. Den Schaum abschöpfen, das Gelee heiß in die sauberen Gläser einfüllen und diese sofort gut verschließen.

TIPP

Waldmeister gedeiht vorzugsweise in Buchenwäldern. Pflücken Sie die Blätter vor der Blüte (April bis Mai), denn dann ist der typische Waldmeisterduft am stärksten.

Erdbeerkonfitüre, spezial

1,5 kg Erdbeeren
1,5 kg Zucker
700 g rote Johannisbeeren

1. Die Erdbeeren waschen und entstielen, große Beeren vierteln, kleine Beeren in Hälften schneiden.

2. Die Johannisbeeren als ganze Trauben, also nicht abgezupft, mit Wasser bedeckt aufs Feuer setzen. Die Beeren ungefähr 20 Minuten kochen, mit einer Gabel zerdrücken und anschließend durch ein feinmaschiges Sieb streichen. Gut durchdrücken, Stiele und Kerne sollten fast trocken übrig bleiben.

3. Die Erdbeerstückchen in diesem Beerensaft aufkochen, Zucker dazugeben und die Konfitüre gut 30 Minuten köcheln lassen. Zwischendurch sorgfältig den Schaum abschöpfen.

4. Wenn die Konfitüre zu gelieren beginnt (Gelierprobe machen!), heiß in Gläser abfüllen und sofort verschließen.

Variation

Etwa 4 bis 5 cl Cassis, der herbsüße Likör schwarzer Johannisbeeren, geben dieser Konfitüre noch einen zusätzlichen Pfiff.

TIPP

Auf diese Art zubereitete Erdbeerkonfitüre ist weniger süß und geliert mit den pektinhaltigen Johannisbeeren gut.

Erdbeerkonfitüre, roh gerührt

500 g Erdbeeren
500 g Gelierzucker
1 Zitrone (Saft)

1. Die Erdbeeren vorsichtig waschen, auf einem Sieb abtropfen lassen, die Blättchen und Stiele entfernen und mit dem Pürierstab oder im Mixer pürieren.

2. Zuerst den Zitronensaft, dann den Gelierzucker nach und nach unter ständigem Rühren einstreuen. So lange rühren – am besten mit dem Quirl des Mixers –, bis der Zucker sich vollständig gelöst hat und eine homogene, zähe Masse entstanden ist.

3. Die Konfitüre in saubere Gläser füllen, kühl aufbewahren und möglichst innerhalb des nächsten Vierteljahres aufbrauchen.

Erdbeerkonfitüre mit Holunderblüten

1 kg Erdbeeren
1 kg Gelierzucker
1 Holunderblütendolde

1. Die sorgsam abgebrausten Erdbeeren auf einem Sieb abtropfen lassen. Putzen und halbieren beziehungsweise vierteln.

2. Mit dem Gelierzucker mischen und abgedeckt über Nacht stehen lassen.

3. Am nächsten Tag die Erdbeer-Zuckermasse unter Rühren zum Kochen bringen. Etwa 5 Minuten kräftig wallend kochen lassen, wenn notwendig abschäumen.

4. In der Zwischenzeit die Holunderblütendolde abbrausen, das Wasser abschütteln und die kleinen Blüten von der Dolde zupfen. Gleichmäßig auf die vorbereiteten Gläser verteilen.

5. Nach der Gelierprobe die fertige Konfitüre in die Gläser füllen und sofort mit Twist-off-Deckeln verschließen. Abschließend die Gläser 5 Minuten kopfüber auf den Deckel stellen.

TIPP

Sie können roh gerührte Konfitüren auch mit Honig herstellen. Nehmen Sie anstelle des Gelierzuckers etwa 1 Glas Honig und rühren Sie ihn so lange unter das Fruchtmark, bis eine zähe Masse entsteht.
Diese Konfitüre hält sich im Kühlschrank bis zu 1 Monat.

TIPP

*Wer die Apfelsinen-
häutchen nicht in sei-
ner Marmelade mag,
kann das Frucht-
fleisch auch filetieren.*

Feigen-Kumquat-Marmelade

500 g frische Feigen
150 g Kumquats
250 g Zucker
1 unbehandelte Zitrone (Schale und Saft)
2 cl Rum

1. Von den Feigen die Schale abziehen und das Fruchtfleisch in kleine Streifen schneiden.

2. Die Kumquats heiß abwaschen, mit Küchenkrepp trocknen, dann halbieren und dabei die kleinen Kerne entfernen. Die Kumquats in dünne Scheiben schneiden.

3. Die Zitronenschale abreiben und den Saft auspressen.

4. Die Früchte mit 2 bis 3 Esslöffeln Zitronensaft und der abgeriebenen Schale mit einander vermengen und unter Rühren zum Kochen bringen. Etwa 45 Minuten einkochen, zwischendurch umrühren.

5. Die Marmelade ist fertig, wenn die Gelierprobe gelingt. Dann heiß in die vorbereiteten Gläser füllen.

Kumquats werden die kleinen Zwergorangen genannt, die Sie in den Wintermonaten in gut sortierten Supermärkten erhalten.

Feigen-Orangen-Marmelade

750 g frische Feigen
250 g Orangen
1 kg Zucker
1 Beutel Gelierpulver
1 El Zitronensaft
30 cl Cointreau

1. Die Schale der Feigen abziehen und das Fruchtfleisch zerkleinern. Große Stücke mit einem Kartoffelstampfer zerdrücken.

2. Die Orangen schälen, in Stücke schneiden und 250 g Fruchtfleisch abwiegen.

3. Die Früchte, 2 Esslöffel des Zuckers und das Gelierpulver in einem großen Topf gründlich verrühren und die Fruchtmasse auf starker Hitze unter ständigem Rühren zum Kochen bringen.

4. Nun den restlichen Zucker einrühren und alles erneut aufkochen. Ab Kochzeitpunkt die Konfitüre kurz nach Anweisung sprudelnd kochen lassen. Gelierprobe machen.

5. Den Topf vom Herd nehmen, die Marmelade eventuell abschäumen und zum Schluss den Zitronensaft sowie den Cointreau unterrühren. Noch heiß in die Gläser füllen und diese gut verschließen.

Hagebutten-Apfel-Konfitüre

1 kg Hagebutten
500 ml Wasser
500 g Äpfel
100 g Gelierzucker
auf 100 g Fruchtmasse

1. Die Hagebutten waschen, von Blättchen und Stielen befreien, halbieren und die Kernchen entfernen. Noch einmal mit Wasser abspülen, abtropfen lassen und dann mit dem Wasser in einem Topf weich kochen. Zum Abseihen auf ein Sieb geben, dabei das Kochwasser auffangen.

2. Die gewaschenen Äpfel vierteln, die Kerngehäuse entfernen, grob zerkleinern und in dem Hagebuttenkochwasser zu Mus kochen.

3. Das Apfelmus durch ein Sieb streichen und wieder in den Topf geben.

4. Nun die Hagebutten pürieren. Das Püree zum Apfelmus geben und gut untermischen. Abwiegen und die gleiche Menge Gelierzucker einrühren.

5. Das Ganze brausend kochen lassen, bis die Konfitüre zu gelieren beginnt. Abschäumen und noch heiß in die Gläser füllen, luftdicht verschließen.

Hagebuttenkonfitüre mit Rotwein

500 g Hagebutten, entkernt gewogen
250 ml Rotwein
500 g Zucker
Zimt, nach Belieben

1. Die Hagebutten waschen, Fliege und Stiel wegschneiden, halbieren und entkernen. Die Kerne nicht wegwerfen, sondern mit wenig Wasser 5 Minuten auskochen, abgießen und den Sud zum Hagebuttenmus geben.

2. Die Hagebutten in eine große Schüssel füllen, mit dem Wein begießen, abdecken und über Nacht stehen lassen.

3. Am folgenden Tag weich kochen und durch eine Flotte Lotte streichen.

4. Der Fruchtmasse den Zucker zugeben und das Ganze unter ständigem Rühren ca. 5 Minuten kochen.

5. Gelingt die Gelierprobe, kann die Konfitüre noch siedend in sehr saubere Gläser gefüllt werden. Die Gläser luftdicht verschließen.

Variation
Ersetzen Sie den Rotwein durch die gleiche Menge Wasser und Sie erhalten eine auch für Kleinkinder geeignete Konfitüre.

Die korallenroten, ei- oder kugelförmigen Früchte der Hagebutte gehören zu den Wildrosenarten. In ihren herben süßsäuerlichen Fruchtschalen ist besonders viel Vitamin C enthalten.
Neben dem Sammeln und Pflücken bereitet auch die Verarbeitung einige Mühe, denn beim Entfernen der Kerne mit den feinen Härchen kann's leicht kribbeln. Handschuhe sind hier mehr als angebracht.

Heidelbeer-Sauer-kirsch-Konfitüre

600 g Heidelbeeren
600 g Sauerkirschen
*500 g zuckersparender Gelier-
zucker*

1. Die Heidelbeeren verlesen, behutsam waschen und abtropfen lassen.

2. Die gewaschenen Kirschen abtropfen lassen, die Stiele entfernen und entsteinen. Große Kirschen halbieren.

3. Die Früchte in einen Topf geben und mit dem Gelierzucker gut vermengen. Alles aufkochen und ab Kochzeitpunkt laut Anleitung kräftig kochen lassen.

4. Nach der Gelierprobe die Konfitüre noch heiß in die sauberen Gläser füllen.

5. Sofort mit Twist-off-Gläsern verschließen und 5 Minuten kopfüber auf dem Deckel stehen lassen.

Heidelbeerkonfitüre mit Schuss

1 kg Heidelbeeren
*500 g zuckersparender Gelier-
zucker*
1 Zitrone (Saft)
8 cl Whiskey

1. Die Heidelbeeren verlesen, waschen und auf einem Sieb abtropfen lassen.

2. Etwa die Hälfte mit einem Pürierstab zerkleinern oder mit der Gabel zerdrücken.

3. Die Beeren, das Püree und den Gelierzucker vermischen und abgedeckt über Nacht Saft ziehen lassen.

4. Den Zitronensaft zufügen und die Masse zum Kochen bringen. Nach Anleitung sprudelnd kochen lassen, Gelierprobe nicht vergessen.

5. Den Topf zur Seite nehmen und zum Schluss den Whiskey unterrühren.

6. Die Konfitüre noch heiß in die vorbereiteten Gläser füllen und verschließen.

Variation
*Sie mögen keinen
Whiskey? Vielleicht
schmeckt Ihnen ein
Schuss Rum oder etwas
Himbeergeist in dieser aroma-
tischen Konfitüre besser.*

Heidelbeerkonfitüre, roh gerührt

500 g Himbeeren
500 g Gelierzucker

1. Die Himbeeren verlesen, wenn nötig vorsichtig waschen und auf einem Sieb abtropfen lassen. Mit einer Gabel leicht zerdrücken, den Gelierzucker dazugeben.

2. Mit einem Mixer die Frucht-Zuckermischung so lange rühren, bis die Masse dicklich wird. Der Zucker muss sich vollständig aufgelöst haben.

3. Die Konfitüre in Gläser füllen und sofort verschließen.

Himbeer-Johannis-beer-Konfitüre mit feiner Minze

500 g Himbeeren
500 g Johannisbeeren
500 g zuckersparender Gelierzucker
etwa 10 Minzblättchen

1. Die empfindlichen Himbeeren vorsichtig verlesen, möglichst nicht waschen.

2. Die gewaschenen Johannisbeeren auf einem Sieb abtropfen lassen und dann von den Rispen streifen.

3. Die Minze abbrausen, gut abschütteln, die Blättchen abzupfen und fein wiegen.

4. Die Früchte mit dem Gelierzucker in einen Topf geben, miteinander vermischen und nach Anleitung zum Kochen bringen.

5. Nun die gehackte Minze dazugeben und alles laut Anleitung einige Minuten sprudelnd kochen lassen.

6. Die Gelierprobe nicht vergessen, dann den Schaum abschöpfen und die Konfitüre in die vorbereiteten Gläser einfüllen.

7. Mit Schraubdeckel verschließen und die Gläser etwa 5 Minuten auf dem Kopf stehen lassen.

Variation
Ersetzen Sie die Himbeeren durch 500 g schwarze Kirschen und würzen Sie neben den Minzblättchen noch mit dem Mark von 2 Vanilleschoten.

TIPP

Mit einem Schuss Himbeergeist verfeinern Sie die roh gerührte Himbeerkonfitüre nicht nur, er erhöht außerdem die Haltbarkeit.

TIPP

Wer es nicht so herb mag, lässt die Orangenschalenstreifen aus dem Rezept der Himbeer-Orangen-Marmelade einfach weg.

Himbeer-Orangen-Marmelade nach rumänischer Art

6 große unbehandelte Orangen
250 g Himbeeren
1 kg Gelierzucker
125 ml rumänischer Rotwein (Mädchentraube)

1. Die Orangen heiß abwaschen und mit Küchenkrepp trocknen. 2 Orangen schälen, das Weiße gut entfernen. Die ebenfalls von allem Weißen befreite Schale in sehr feine Streifen schneiden.

2. Die restlichen Orangen schälen, das Fruchtfleisch auslösen (ohne Häutchen), in kleine Stücke schneiden und eventuelle Kerne entfernen. Das Fruchtfleisch wiegen – für dieses Rezept brauchen Sie 750 g.

3. Die Schalenstreifen, das Orangenfruchtfleisch mit den verlesenen Himbeeren vermischen. Den Gelierzucker dazugeben, alles gut vermengen.

4. Die Fruchtmasse zum Kochen bringen und laut Anweisung etwa 4 Minuten kräftig wallend kochen.

5. Nach der Gelierprobe den Topf vom Herd nehmen und den Wein einrühren. Die Marmelade noch heiß in die Gläser füllen, gut verschließen.

Holunderbeergelee mit Orange und Ingwer

750 ml Holunderbeersaft (aus etwa 1 kg Beeren, im Dampfentsafter entsaftet)
3 Orangen (Saft)
1 Zitrone (Saft)
4 El Ingwersirup
1 eingelegte Ingwerknolle
1 kg Gelierzucker

1. Den Holunderbeersaft mit dem Orangen- und Zitronensaft und dem Sirup mischen.

2. Die Ingwerknolle fein hacken und ebenfalls unter den Saft rühren.

3. Den Gelierzucker zufügen und gut vermischen. Alles zum Kochen bringen, wenige Minuten laut Packung sprudelnd kochen lassen.

4. Wenn die Masse zu gelieren beginnt (Probe!), das Gelee in Gläser füllen und mit Einmachzellophan verschließen.

5. Die Gläser ruhen lassen, der Geliervorgang kann unter Umständen Tage dauern.

Johannisbeergelee mit Cassis

500 ml Saft von schwarzen Johannisbeeren (aus etwa 750 g)
100 ml Cassis
$^1/_2$ Beutel zuckersparendes Gelierpulver
6 El Streusüße (Zuckeraustauschstoff)
Einmachhilfe

1. Von den frisch entsafteten Johannisbeeren 500 ml abmessen, mit dem Cassis und dem Gelierzucker aufkochen.

2. Dabei ständig rühren, ab Kochzeitpunkt etwa 1 Minute sprudelnd kochen lassen.

3. Den Topf vom Herd nehmen, mit der Streusüße abschmecken und die Einmachhilfe unterrühren.

4. In die Gläser abfüllen und verschließen.

Johannisbeerkonfitüre, roh gerührt

500 g schwarze Johannisbeeren
500 g Gelierzucker

1. Die gewaschenen Beeren über einem Sieb abtropfen lassen und von den Rispen in eine Schüssel streifen. Mit einer Gabel die Beeren leicht zerdrücken.

2. Nach und nach den Zucker unter die Beeren rühren und mit dem Mixer so lange quirlen, bis sich der Zucker völlig gelöst hat und die Masse dicklich wird.

3. Die fertige Konfitüre in Gläser füllen und diese sofort verschließen.

Variation
Verfeinern Sie diese herbe Köstlichkeit mit einem Schuss Gin oder Wodka.

TIPP

Die schwarze Johannisbeere besitzt besonders viel Vitamin C. Roh häufig unbeliebter als ihre rote Schwester, wird die schwarze Beere jedoch gerne für Konfitüren, Kompotte oder Säfte genutzt.

Man nehme – aus Omas Rezeptsammlung

Johannisbeeren-Gelée zu machen

Die von den Stengeln befreiten Johannisbeeren setzt man in einem nicht kupfernen Gefäße auf das Feuer und schützt es vor dem Anbrennen durch stetes Umrühren; gehörig durchgekocht, läßt man es beinahe erkalten, preßt den Saft durch ein reines Tuch, läßt ihn zum Abklären etwas still stehen, klärt ihn nochmals durch, daß er recht schön werde, und kocht ihn dann wie obigen Himbeersaft ein. Er wird ebenfalls in Gläsern aufbewahrt. Man kann rothe und weiße Johannisbeeren zu Gelée nehmen.

(aus: Supp', Gemüs' und Fleisch.
Ein Kochbuch für bürgerliche Haushaltungen, Darmstadt, 1872)

Johannisbeergelee mit ganzen Früchten

1,5 kg Johannisbeeren, geputzt
1 kg Gelierzucker
125 ml Portwein, rot oder
1 cl Créme de Cassis
1 Zitrone (Saft)

TIPP

Ersetzen Sie den Portwein durch Kirschsirup.

1. 500 g schöne feste Beeren aussortieren und beiseite stellen. Die übrigen Beeren entsaften, am besten im Dampfentsafter.

2. 500 ml Saft abmessen, mit dem Zucker, dem Portwein und dem Zitronensaft mischen. Die Masse aufkochen und einige Minuten nach Anleitung kräftig wallend kochen lassen.

3. Die ganzen Beeren hinzugeben und noch einmal kurz aufkochen.

4. Den Schaum abschöpfen, dann das Gelee in die vorbereiteten Gläser einfüllen.

5. Mit Twist-off-Deckeln verschließen und die Gläser etwa 5 Minuten kopfüber stellen, damit sich die Beeren gut verteilen können.

Johannisbeerkonfitüre mit Sherry

750 g rote Johannisbeeren
250 g schwarze Johannisbeeren
500 g Zucker
1 Beutel zuckersparendes Gelierpulver
125 ml Sherry

1. Die Beeren waschen, auf einem Sieb abtropfen lassen und dann von den Rispen streifen.

2. Die Beeren mit einer Gabel etwas zerdrücken, den Zucker (2 Esslöffel zurückhalten!) dazugeben, alles gut mischen und abgedeckt über Nacht Saft ziehen lassen.

3. Am nächsten Tag die Frucht-Zuckermasse zum Kochen bringen. Abkühlen lassen.

4. Das Gelierpulver mit den 2 Esslöffeln Zucker mischen und anschließend mit der Konfitüre verrühren, nochmals aufkochen und laut Anweisung kräftig wallend kochen lassen.

5. Den Topf vom Herd nehmen und den Sherry einrühren.

6. Die fertige Konfitüre noch heiß in die sauberen Gläser füllen und luftdicht verschließen.

Johannisbeerkonfitüre, rot-schwarz

500 g rote Johannisbeeren
500 g schwarze Johannisbeeren
500 g zuckersparender Gelierzucker

1. Die Johannisbeeren verlesen, waschen und auf einem Sieb abtropfen lassen.

2. Die Beeren von den Rispen zupfen und mit Hilfe einer Flotten Lotte passieren, sodass die Kernchen im Sieb zurückgehalten werden.

3. Den Saft und den Mus in einen großen Topf geben, mit dem Gelierzucker vermischen und unter stetem Rühren zum Kochen bringen. Nach Packungsanleitung einige Minuten kräftig brausend kochen. Gelierprobe vornehmen, eventuell muss die Kochzeit noch etwas verlängert werden.

4. Die fertige Konfitüre noch heiß in die vorbereiteten Gläser füllen und rasch verschließen.

Diese Konfitüre ist schon fast ein Gelee – nur etwas trüber, dafür von kräftigerem Geschmack. Durch das Passieren bleiben die Kerne im Trester zurück, das stark zermuste und zerdrückte Fruchtfleisch gelangt jedoch in die Fruchtmasse.

TIPP

Johannisbeeren sind sehr pektinreich. Beide Konfitüren gelingen daher auch problemlos mit normaler Raffinade.

Karottenkonfitüre nach französischer Art

1 kg junge Karotten
2 Zitronen (Saft und Schale)
750 g Zucker
250 ml Wasser

1. Die gewaschenen Karotten dünn schälen. Das harte Herz eventuell herausschneiden, dann fein reiben.

2. Die Zitronen dünn schälen, das bitter schmeckende Weiße an der Schale dabei sorgfältig entfernen. Diese in hauchdünne Streifen schneiden. Anschließend die Zitronen auspressen.

3. Aus dem Zucker und dem Wasser einen Sirup zubereiten. Die Lösung so lange kochen, bis sie Ballen formt. Zur Überprüfung etwas Sirup von einem Löffel in kaltes Wasser fallen lassen. Der Sirup formt sich schnell zu einer zähen Masse, aus der sich eine Kugel rollen lässt.

4. Die Karotten in die kochende Zuckerlösung geben, gut umrühren. Die Zitronenschale und den Zitronensaft zufügen. Ungefähr 15 Minuten kochen lassen.

5. Falls nötig abschäumen, dann die Konfitüre in die vorbereiten Gläser füllen und sofort verschließen.

Fruchtige Karottenkonfitüre mit Campari

1 kg junge Karotten
250 ml Campari
2 Limetten (Saft)
2 Orangen (Saft)
500 g zuckersparender Gelierzucker
8 Zweige frischer Thymian

1. Die Karotten putzen und sorgfältig waschen, aber nicht schälen. In etwas Wasser etwa 25 Minuten weich kochen.

2. In der Zwischenzeit den Thymian unter kaltem Wasser abbrausen, mit Küchenkrepp trockentupfen und die Blättchen abstreifen.

3. Die weich gekochten Karotten abtropfen lassen, in einen Topf geben und etwas zermusen. Den Campari, den Limetten- und den Orangensaft zugießen. Den Gelierzucker dazugeben, gut umrühren und alles zum Kochen bringen.

4. Die Thymianblättchen zufügen und die Konfitüre wenige Minuten (Packungsanweisung beachten) sprudelnd kochen lassen.

5. Die fertige Konfitüre in Gläser füllen und sofort verschließen. Twist-off-Gläser für 5 Minuten kopfüber auf den Deckel stellen.

Kirsch-Pflaumen-Gelee

500 g Süßkirschen
500 g Pflaumen
400 g brauner Zucker
1 Beutel Gelierpulver
Vanillearoma

1. Die Kirschen waschen und die Stiele abzupfen, aber nicht entsteinen.

2. Die Pflaumen ebenfalls waschen, halbieren und entsteinen.

3. Die Früchte etwas zuckern, dann in den gelochten Einsatz des Schnellkochtopfs füllen und mit etwa 250 ml Wasser ungefähr 20 Minuten garen. Den Saft abkühlen lassen und 750 ml davon abmessen.

4. Das Gelierpulver mit 2 Esslöffeln des Zuckers mischen und dann unter den kalten Saft rühren.

5. Den Saft zum Kochen bringen, nun den restlichen Zucker einstreuen, erneut aufkochen lassen und mindestens 1 Minute sprudelnd kochen lassen. Gelierprobe machen, eventuell noch etwas kochen lassen.

6. Den Topf vom Herd nehmen, das Vanillearoma unterrühren, Schaum abschöpfen und das Gelee noch heiß

in saubere, kleine Gläser füllen und verschließen.

Variation
Wem der Karamellgeschmack braunen Zuckers (Farinzucker) nicht zusagt, kann ihn durch 500 g Haushaltszucker ersetzen.

Kirschgelee mit Himbeeren

500 ml Sauerkirschsaft
250 g Himbeeren
2 cl Himbeergeist
500 g zuckersparender Gelierzucker
nach Belieben etwas Zitronenmelisse, fein gehackt

1. Sauerkirschen am besten im Dampfentsafter entsaften, 500 ml abmessen und in einen Topf geben.

2. Die Himbeeren verlesen, mit der gehackten Zitronenmelisse und dem Gelierzucker vorsichtig mischen. Dann dem Saft zufügen.

3. Alles unter stetem Rühren zum Kochen bringen und laut Packungsanleitung kurz, aber kräftig kochen lassen.

4. Das Gelee noch heiß in vorbereitete Gläser füllen und sofort verschließen. Twist-off-Gläser auf den Kopf stellen, damit sich die Himbeeren im Glas verteilen.

TIPP

Gelee wird am einfachsten in Zubindegläsern fest. Das Einmachzellophan schließt nicht ganz so hermetisch wie die Schraubdeckelverschlüsse, wodurch Flüssigkeit entweichen kann und damit das Festwerden eines Gelees unterstützt wird. Was wir bei Konfitüren vielleicht nicht so gerne sehen – das „Austrocknen"–, kann bei Gelees ein durchaus erwünschter Nebeneffekt sein.

Kirschkonfitüre mit Schwips

TIPP

Fangen Sie den beim Entsteinen entstehenden Kirschsaft in einer Schüssel auf und verwenden Sie ihn für die Konfitüre gleich mit.

500 g Süßkirschen
500 g Sauerkirschen
500 g zuckersparender Gelierzucker
2 cl Whiskey

1. Die gewaschenen Kirschen auf einem Sieb gründlich abtropfen lassen. Dann die Stiele abzupfen und die Kirschen entsteinen.

2. Etwa die Hälfte der Kirschen mit dem Mixer grob zerkleinern.

3. Alle Früchte mit dem Gelierzucker in einen großen Topf geben, gut vermengen und zum Kochen bringen. Ab dem Kochzeitpunkt die Konfitüre noch wenige Minuten kräftig sprudelnd weiterkochen, dabei gut umrühren.

4. Gelierprobe nicht vergessen, Kirschen besitzen nicht allzu viel Pektin. Eventuell Schaum abschöpfen.

5. Den Topf vom Herd nehmen und den Whiskey unterrühren. Die Konfitüre noch heiß in die Gläser füllen, diese gut verschließen.

Variation
Verfeinern Sie diese Kirschkonfitüre beim nächsten Mal mit einem Schuss Rum.

Kiwi-Himbeer-Gelee mit Riesling

500 g Himbeeren
500 g Kiwis
500 ml trockener Weißwein (Riesling)
5 g Zitronensäure (1 Beutel)
1 Beutel Gelierpulver (leicht)
250 g Zucker

1. Die Himbeeren verlesen. Die Kiwis schälen, vierteln und in Stücke schneiden.

2. Die Früchte mit etwas Wasser aufkochen und den Saft durch ein Tuch filtern. Insgesamt 500 ml davon abmessen.

3. Mit dem Riesling auf 1 l auffüllen, mit der Zitronensäure in einen Topf geben.

4. Das Gelierpulver mit dem Zucker vermischen, in den Saft einrühren und alles unter stetem Rühren zum Kochen bringen.

5. Ab Kochzeitpunkt 1 Minute brausend kochen lassen. In die vorbereiteten Gläser füllen und diese gut verschließen.

Variation
Verleihen Sie diesem Gelee ein ganz besonderes Aroma, indem Sie frischen Lavendel vor dem Abfüllen unter das Gelee rühren. Es sollten aber nicht mehr als 10 Spitzen sein.

Kiwikonfitüre mit Cointreau

1,25 kg Kiwis
500 g zuckersparender Gelier-
zucker
1 Orange (Schale)
1 Zitrone (Saft)
30 ml Cointreau

1. Die Kiwis schälen, den holzigen Strunk entfernen, vierteln und in feine Scheiben schneiden.

2. Die Früchte mit dem Gelierzucker, dem Zitronensaft und der Orangenschale mischen und mindestens 6 Stunden ziehen lassen.

3. Die Frucht-Zuckermasse unter Rühren zum Kochen bringen und 3 Minuten sprudelnd kochen lassen.

4. Nach erfolgreicher Gelierprobe den Topf vom Herd nehmen, den Cointreau einrühren und die Konfitüre sofort in die sauberen Gläser füllen.

5. Mit Twist-off-Deckeln verschließen. Die Gläser etwa 5 Minuten auf den Kopf stellen.

Kiwi-Stachelbeer-Konfitüre

1 kg feste Kiwis
500 g grüne Stachelbeeren
1 kg Zucker
1 Beutel Gelierpulver

1. Die Kiwis schälen und in kleine Würfel schneiden.

2. Die Stachelbeeren waschen, gut abtropfen lassen, dann von den Stielansätzen befreien und mit einem Pürierstab grob zerkleinern.

3. Die Früchte in einen Topf geben, das Gelierpulver und den Zucker zufügen, alles gut mischen und unter ständigem Rühren zum Kochen bringen.

4. Vom Kochpunkt an laut Packungshinweise kurz sprudelnd kochen lassen. Sicherheitshalber eine Gelierprobe vornehmen.

5. Sofort in saubere Gläser füllen und verschließen.

TIPP

Selbstverständlich lässt sich die Kiwi-Stachelbeer-Konfitüre auch mit zuckersparenden Geliermitteln kochen.

Einfache Kürbiskonfitüre

1 kg Kürbis
2 Zitronen
500 g Zucker

1. Den Kürbis schälen, halbieren und das Fruchtfleisch in kleine Stücke schneiden.

2. Die Zitronen schälen, filetieren und zerkleinern.

3. Die Fruchtstücke in eine Schüssel geben, den Zucker unterrühren und alles 24 Stunden ziehen lassen.

4. Den Fruchtbrei in einen großen Topf umfüllen und so lange kochen, bis die Masse zu gelieren beginnt.

5. Die kochend heiße Kürbiskonfitüre in die Gläser füllen und mit Twist-off-Deckeln verschließen. Diese 5 Minuten auf den Kopf stellen.

Kürbis-Apfel-Konfitüre nach französischer Art

1,5 kg Kürbis
1 kg Äpfel
10 g Zitronensäure oder
2 Zitronen (Saft)
2 Vanilleschoten (Mark)
2 Beutel zuckersparendes Gelierpulver
1 kg Zucker

1. Den Kürbis schälen, entkernen und in Stücke schneiden. Mit einem Pürierstab zu Püree verarbeiten.

2. Die gewaschenen Äpfel vierteln, die Kerngehäuse entfernen und zerkleinern.

3. Das Mark aus der Vanilleschote schaben und die Zitronen auspressen.

4. Die Früchte mit dem Mark und dem Saft mischen. Dann das Gelierpulver mit etwas Zucker vermischen, unter die Fruchtmasse rühren und alles zum Kochen bringen.

5. Den restlichen Zucker dazugeben, erneut aufkochen und die Konfitüre etwa 1 Minute kochen lassen.

6. Wird die Gelierprobe fest, kann die Konfitüre noch heiß in die Gläser abgefüllt werden. Gläser mit Schraubdeckelverschluss 5 Minuten auf den Kopf stellen.

Kürbiskonfitüre Grand Maman

1 kg Kürbisfleisch
500 g Zucker
500 g Gelierzucker
$^1/_2$ Zimtstange
4 Nelken
1 Zitrone (Saft)

1. Den Kürbis halbieren, von der Schale befreien und die Kerne entfernen. Das Fleisch fein würfeln. Von dem Fruchtfleisch 1 kg abwiegen und zusammen mit dem Zucker bis zu 30 Minuten kochen. Das Kürbisfleisch sollte zerfallen. Abkühlen lassen.

2. Nun den Gelierzucker untermischen, die Gewürze und den Zitronensaft zufügen und alles erneut zum Kochen bringen.

3. Laut Anleitung einige Minuten kräftig kochen lassen. Sicherheitshalber eine Gelierprobe machen.

4. Zimtstange und Nelken entfernen und die fertige Konfitüre in saubere Twist-off-Gläser einfüllen und sofort verschließen. Etwa 5 Minuten kopfüber auf den Deckeln stehen lassen.

Variation
Würzen Sie diese feine Konfitüre auch einmal mit Anis und Kardamom.

Kürbis-Pfirsich-Konfitüre

600 g Pfirsiche, entsteint gewogen
400 g Kürbis, geschält und entkernt
1 Zitrone (Saft und Schale)
1 kg Gelierzucker

1. Die Pfirsiche entsteinen und zerkleinern.

2. Den Kürbis vierteln und das Fruchtfleisch von der Schale lösen. Die festen Fruchtstücke wiegen, die Kerne entfernen und zerkleinern.

3. Pfirsiche und Kürbis mit dem Gelierzucker vermischen und das Ganze unter Rühren zum Kochen bringen. Etwa 4 Minuten kräftig brausend kochen lassen.

4. Gelingt die Gelierprobe, die heiße Konfitüre in Gläser geben und diese fest verschließen.

TIPP

Verfeinern Sie diese Konfitüre mit gemahlenem Ingwer.

Konfitüre aus Weinbergpfirsichen

TIPP

Wen die Schale stört, der kann die Pfirsiche auch häuten. Tauchen Sie die Früchte hierzu kurz in kochendes Wasser, anschließend kurz in Eiswasser. Danach lässt sich die Haut einfach abziehen.

1 kg Weinbergpfirsiche
1 unbehandelte Zitrone (Saft und Schale)
1 kg Gelierzucker

1. Die Pfirsiche waschen, abtropfen lassen und mit Küchenkrepp trocknen.

2. Die Früchte entsteinen, vierteln und in kleine Stücke schneiden. Etwa ein Drittel mit dem Pürierstab zermusen.

3. Fruchtmus und -stücke mit dem Gelierzucker, der abgeriebenen Zitronenschale und der Zitronensäure mischen. Über Nacht, zugedeckt, Saft ziehen lassen.

4. Am nächsten Tag alles in einem großen Kessel zum Kochen bringen und nach Packungsanweisung mindestens 4 Minuten sprudelnd kochen lassen.

5. Gelierprobe vornehmen, eventuell Schaum abschöpfen und dann noch kochend heiß in die Gläser füllen. Sofort verschließen; Gläser mit Twist-off-Deckeln 5 Minuten auf den Kopf stellen, damit sich die Fruchtstücke gleichmäßig verteilen können.

Die äußerst aromatischen und leckeren einheimischen Pfirsiche mit dem weißen Fruchtfleisch sind leider viel zu selten auf unseren Märkten zu finden. Ihr Name Weinbergpfirsiche verrät die typischen Anbaugebiete: die Weinbauregionen.
Sollten Sie nicht in derartig klimatisch bevorzugten Gegenden leben, können Sie die Pfirsichkonfitüre mit importierten gelben Pfirsichen zubereiten.

Der „Rote Ellerstädter" ist ein typischer Vertreter der aromareichen Weinberg- oder auch Vorgebirgspfirsiche.

Bunte Konfitüre „Hawaii"

125 g Kirschen
375 g Ananas (Fruchtfleisch)
250 g Kiwis
250 g Bananen
250 g Zucker
1 Beutel Gelierpulver „leicht"
2 El Maraschino

1. Die gewaschenen Kirschen entsteinen und halbieren.

2. Die Ananas schälen, den harten Kern entfernen und das Fruchtfleisch würfeln.

3. Die Kiwis und die Bananen schälen und zerkleinern.

4. Alle Früchte im Mixer zermusen und in einen großen Topf geben. Das Gelierpulver mit dem Zucker mischen und alles zu den Früchten geben. Anschließend gut umrühren und aufkochen.

5. Ab Kochzeitpunkt etwa 1 Minute (Packungshinweise!) unter ständigem Rühren sprudelnd kochen lassen.

6. Den Topf vom Herd nehmen und den Maraschino unterrühren. Die Konfitüre noch heiß in Gläser abfüllen und gut verschließen.

Variation
Ersetzen Sie den Maraschino durch hochprozentigen Rum.

Melonenkonfitüre nach französischer Art

2,5 kg Melone
je kg Melonenfruchtfleisch
200 g Zucker
2 Zitronen, den Saft davon
1 Vanilleschote

1. Die Melonen halbieren und die Kerne sowie Fasern herausnehmen. Das Fruchtfleisch mit einem scharfem Messer aus der Schale schneiden und fein würfeln.

2. Die Melonenstücke in ein Sieb geben und gut abtropfen lassen, dann nur das Fruchtfleisch abwiegen.

3. In der Zwischenzeit die Zitronen auspressen und den Saft beiseite stellen.

4. Das Melonenfruchtfleisch, den Zucker, den Zitronensaft und die Vanillestange in einen großen Topf geben.

5. Auf mittlerer Flamme langsam zum Kochen bringen und gut umrühren, bis der Zucker sich vollkommen gelöst hat.

6. Alles etwa 1 Stunde köcheln lassen.

7. Die Vanillestange herausnehmen und die Konfitüre in saubere Gläser füllen und sofort verschließen.

TIPP

Verkürzen Sie die lange Kochzeit, indem Sie den normalen Zucker gegen Gelierzucker austauschen, dann allerdings laut Packungsanleitung verfahren.

Mirabellen-Renekloden-Konfitüre

500 g Mirabellen
500 g Renekloden
1 kg Gelierzucker
1 Zitrone (Saft)
2 El Gin

1. Die Früchte waschen, abtropfen lassen, entsteinen und gründlich zerkleinern.

2. Die Mirabellen und die Renekloden mit dem Gelierzucker und dem Zitronensaft vermischt zum Kochen bringen und 4 Minuten sprudelnd kochen lassen.

3. Nach der Gelierprobe den Topf vom Herd nehmen, den Gin unterrühren und die Konfitüre noch heiß in Gläser füllen. Sofort verschließen.

Variation
Ersetzen Sie den Gin durch 4 Esslöffel Arrak.

Omas Mirabellenkonfitüre

1,5 kg Mirabellen
800 g Zucker
400 g Gelierzucker
4 cl Rum oder Pflaumengeist
2 Zitronen (Saft)

1. Die Mirabellen halbieren, entkernen und im Mixer zerkleinern.

2. Der Fruchtmasse, den Rum und den Saft der beiden Zitronen zusetzen und ungefähr 12 Stunden ziehen lassen.

3. Danach den Zucker untermischen und alles zum Kochen bringen. Ständig umrühren.

4. Wenn die Gelierprobe fest wird, die Konfitüre randvoll in die sauberen Gläser einfüllen und luftdicht verschließen. Twist-off-Gläser für 5 Minuten auf den Kopf stellen.

Die Mirabelle ist eine noch recht junge Schwester der Pflaume. Sie entstand aus Züchtungen im Orient und erreichte Europa erst im 16. Jahrhundert.

Nektarinen-Stachel-beer-Konfitüre

600 g Nektarinen
500 g Stachelbeeren
6 Zweige frischer Estragon
500 g zuckersparender Gelier-zucker
2 El Barack Palinka (Aprikosen-likör)

1. Die gewaschenen Nektarinen trockentupfen, halbieren und entsteinen. In kleine Stücke schneiden.

2. Die Stachelbeeren abbrausen, gut abtropfen lassen, von den Stielen und Blütenansätzen befreien und halbieren.

3. Den Estragon abbrausen, trockentupfen und die Blättchen abzupfen, grob zerhacken.

4. Die Früchte und den Estragon mit dem Gelierzucker gut miteinander vermischen und zum Kochen bringen.

5. Ab Kochzeitpunkt laut Anleitung wenige Minuten sprudelnd kochen lassen. Gelierprobe nicht vergessen.

6. Den Topf vom Feuer nehmen und den Aprikosenlikör einrühren. Dann die fertige Konfitüre noch heiß in die Gläser füllen und verschließen. Twist-off-Gläser für 5 Minuten auf den Kopf stellen.

Nektarinen-Pfirsich-Mango-Konfitüre

3 Kumquats
1 El Zucker
1 Mango
450 g Pfirsiche
300 g Nektarinen
300 g Zucker
1 Beutel zuckersparendes Gelierpulver
500 g Zucker

1. Die Kumquats heiß abwaschen, trockentupfen und in kleine Stücke schneiden, dabei die Kernchen entfernen. Mit dem Zucker mischen und in einem Topf erhitzen, bis der Zucker karamellisiert ist.

2. Die Mango schälen, entsteinen und zerkleinern.

3. Die Pfirsiche und die Nektarinen waschen und entsteinen. Das Fruchtfleisch klein schneiden.

4. Das Gelierpulver mit 2 Esslöffeln Zucker mischen und zu den Kumquats, den Pfirsichen und den Nektarinen in einen Topf geben und aufkochen.

5. Nun den restlichen Zucker einrühren, erneut aufkochen und etwa 1 Minute sprudelnd weiterkochen lassen.

6. Die Konfitüre noch heiß in die Gläser füllen und diese sofort verschließen.

TIPPS

Wen die Schale stört, sollte die Haut der Nektarinen und/oder Pfirsiche abziehen.

1 Päckchen Safranfäden verleiht der Nektarinen-Pfirsich-Mango-Konfitüre eine wunderschöne gelbe Farbe.

Orangen-Grapefruit-Kumquat-Marmelade

150 g Kumquats
2 Grapefruits
(rotes Fruchtfleisch)
8 Orangen
500 g zuckersparender Gelierzucker

Nicht ganz so bitter wie die typische Orangenmarmelade ist diese fruchtige „Wintermarmelade", etwas ganz Besonderes für Liebhaber herber Köstlichkeiten.

1. Die Kumquats heiß abwaschen, trockentupfen, halbieren oder vierteln und die Kerne sorgfältig entfernen. Die Früchte noch etwas grob zerkleinern, in einen Mixer geben und pürieren.

2. Die Grapefruits und die Orangen auspressen und 1 l Saft abmessen.

3. Den Saft und das Kumquatpüree mit dem Gelierzucker in einem hohen Topf mischen und alles zum Kochen bringen. Ab Kochzeitpunkt laut Anleitung brausend kochen lassen.

4. Gelingt die Gelierprobe, die Marmelade noch heiß in die vorbereiteten Gläser füllen. Twist-off-Gläser für 5 Minuten kopfüber stehen lassen.

Variation
Besonderen Pfiff erhält diese angenehm herbe Marmelade durch 2 bis 4 cl Orangen- oder Karpaloliör. Karpalo ist der finnische Name für die dort wild wachsenden Preiselbeeren.

Orangenmarmelade aus eigener Ernte

10–15 Zwergorangen (Citrus mitis oder Calamondin-Orangen), ersatzweise 150 g Kumquats

500 g zuckersparender Gelierzucker

8–9 Blutorangen

2 cl Cointreau

1. Die kleinen Orangen oder die Kumquats heiß abwaschen. Halbieren, die Kerne entfernen und mit der Schale in grobe Stücke schneiden. Mit dem Pürierstab zu Mus pürieren.

2. Die Blutorangen halbieren und auspressen.

3. Das Orangenpüree mit dem Saft der Blutorangen auf 1 l auffüllen. Mit dem Zucker in einen großen Topf geben, gut mischen und aufkochen.

4. Laut Anleitung das Frucht-Zuckergemisch einige Minuten sprudelnd kochen lassen.

5. Den Topf vom Herd nehmen, den Orangenlikör einrühren und die fertige Marmelade noch heiß in die vorbereiteten Gläser füllen. Diese sofort verschließen. Twist-off-Gläser auf den Kopf stellen.

Citrus mitis oder Calamondin-Orangen gedeihen auch in unseren Breitengraden und das sogar im Wohnzimmer. Sollten Sie nicht zu den begnadeten Menschen mit dem grünen Daumen gehören, ersetzen Sie diese kleinen Exoten durch Kumquats.

Orangenmarmelade nach englischer Art

6 oder 7 Bitterorangen

4 süße Orangen (Saft)

3 Zitronen (Saft)

2 kg Zucker

1. Die Bitterorangen schälen, in feine Stücke schneiden und zum Saft der vorher ausgepressten süßen Orangen und Zitronen geben. Mit Wasser bedecken und kurz aufkochen lassen.

2. Pürieren, den Zucker dazugeben und alles in einer abgedeckten Schüssel über Nacht stehen lassen.

3. Am nächsten Tag die Masse auf mittlerer Hitze zum Kochen bringen, dabei ständig rühren.

4. Die Marmelade ist fertig, wenn die Fruchtstückchen „glasig" werden und der Saft geliert.

5. Noch heiß in Gläser füllen, 1 Tag offen stehen lassen, erst dann mit Einmachhaut verschließen.

TIPP

Die Saft-Zuckermasse der englischen Orangenmarmelade kocht leicht über – rühren Sie häufig, aber vorsichtig, damit die Fruchtstückchen nicht völlig zerfallen.

Orangenmarmelade „Djerba"

Pfirsich-Melonen-Konfitüre

TIPP

Ingwer, etwa 20 g, fein gewürfelt, gibt der milden Pfirsich-Melonen-Konfitüre eine exotische Impression.

12 Orangen

4 reife Zitronen

3 kg Zucker

1. Die Schalen der Orangen fein raspeln.

2. Von den Zitronen 3 schälen, das Weiße der Schale vollständig entfernen und das Fruchtfleisch in feine runde Scheiben schneiden.

3. Die Orangenschalen und die Zitronen in 5 l Wasser geben und über Nacht stehen lassen.

4. Am folgenden Tag den Zucker hinzufügen und alles zum Kochen bringen. Das Feuer reduzieren und die Marmelade auf kleiner Flamme etwa 2 Stunden köcheln lassen.

5. Nun den Kessel vom Herd nehmen, den Saft der letzten großen Zitrone einrühren und die Marmelade noch heiß in die vorbereiteten Gläser füllen.

6. Twist-off-Gläser 5 Minuten auf den Kopf stellen, damit sich das Fruchtfleisch gut verteilen kann. Das Gelieren kann mehrere Stunden oder gar Tage dauern. Bewahren Sie Geduld.

500 g Pfirsiche

500 g Honigmelone

1 unbehandelte Zitrone (Schale)

1 Beutel Gelierpulver

1 kg Zucker

2 El Zitronensaft

3 El Rum

1. Die Pfirsiche waschen, abtropfen lassen, entsteinen und in kleine Stücke schneiden.

2. Die Honigmelone halbieren und die Kerne ausschaben. Das Fruchtfleisch mit einem Messer von der Schale lösen und zerkleinern.

3. Das Gelierpulver mit etwas Zucker vermischen, die abgeriebene Zitronenschale zufügen und unter die Früchte mengen.

4. Die Früchte zum Kochen bringen, dann den restlichen Zucker einrühren. Alles erneut aufkochen und nach Packungsanleitung sprudelnd weiterkochen lassen. Unbedingt eine Gelierprobe machen, Pfirsiche und Melonen enthalten sehr wenig Pektin.

5. Die fertige Konfitüre in die vorbereiteten Gläser füllen, mit Twist-off-Deckeln schließen und für 5 Minuten auf den Kopf stellen.

Man nehme – aus Omas Rezeptsammlung

Kirschenmarmelade

Dazu nimmt man die großen spanischen Zwiebelbeeren (von Prunus avium I), welche fast alle Jahre gerathen und wegen ihrer Feinhait zu Saucen und Ersparniß an Zucker die Sauerkirschen bei weitem übertreffen, thut sie nebst wenig Wasser in einen Kessel, kocht sie weich und rührt oder streicht sie durch ein feines Drahtsieb. Das Durchgestrichene läßt man auf schwachen Feuer unter langsamen Rühren dick einkochen, thut diese Marmelade in Steintöpfe, legt ein in Branntwein getauchtes Blatt Papier darauf, gießt etwas zerlassenen Rindstalg darüber und bewahrt es im Kalten auf.

(aus: Supp', Gemüs' und Fleisch.
Ein Kochbuch für bürgerliche Haushaltungen, Darmstadt, 1872)

Pfirsich-Sauerkirsch-Konfitüre

500 g Pfirsiche
500 g Sauerkirschen
2 Sternanis
2 Nelken
1 Zimtstange
500 g zuckersparender Gelierzucker

1. Die Pfirsiche waschen, mit Küchenkrepp abtrocknen, halbieren und entkernen. In kleine Stücke schneiden.

2. Von den gewaschenen Kirschen die Stiele entfernen und dann entsteinen.

3. Die Früchte, die Gewürze und den Gelierzucker mischen und in einem großen Topf aufkochen. Ab Kochzeit-punkt laut Packungshinweis brausend kochen lassen.

4. Gelingt die Gelierprobe, die fertige Konfitüre in die sauberen Gläser füllen. Diese sofort verschließen.

Variation

Eine exotische Abwandlung dieser Konfitüre erhalten Sie, wenn Sie die Pfirsiche durch 2 reife Papaya (etwa 400 g Fruchtfleisch) und den Saft von 2 Zitronen ersetzen.
Halbieren Sie hierzu die Papayas und entfernen Sie die kleinen schwarzen, kugeligen Kerne mit einem Löffel. Als Nächstes die Früchte schälen, vierteln und das Fruchtfleisch würfeln. Folgen Sie ab hier wie unter Punkt 3 und 4 beschrieben dem Originalrezept.

TIPP

Verfeinern Sie die Pfirsich-Sauerkirsch-Konfitüre mit etwa 4 cl Kirschwasser. Das schmeckt nicht nur gut, es erhöht gleichzeitig die Haltbarkeit der Konfitüre.

Pflaumenkonfitüre nach französischer Art mit Armagnac

1 kg Pflaumen oder auch Zwetschgen
100 g Walnüsse
$1/2$ Tl Zimt, gemahlen
1 Vanilleschote (Mark)
500 g zuckersparender Gelierzucker
2 cl Armagnac

1. Die gewaschenen Pflaumen halbieren, entkernen und in dünne Streifen schneiden.

2. Die Walnüsse knacken und die Kerne fein hacken.

3. Die Pflaumen und die Nüsse mit den Gewürzen mischen. Dann den Gelierzucker unterrühren und alles in einem großen Topf zum Kochen bringen. Laut Packungsanweisung einige Minuten kräftig kochen lassen.

4. Wird die Gelierprobe fest, den Topf von der Flamme nehmen und den Armagnac einrühren. Noch heiß in die sauberen Gläser füllen, mit Schraubdeckeln verschließen und für 5 Minuten auf den Kopf stellen.

Variation
Puristen ziehen unter Umständen eine „reine" Pflaumenkonfitüre ohne Gewürze und

Walnüsse vor. Trotzdem noch ein weiterer Vorschlag: Kochen Sie anstelle der im Rezept angegebenen Gewürze und Nüsse fein gehacktes Zitronat und Orangeat mit. Runden Sie alles mit einem Schuss Rum ab.

Konfitüre aus gelben Pflaumen

1 kg gelbe Pflaumen (säuerliche Sorte)
$1/2$ Tl Zimt
1 kg Gelierzucker
nach Belieben: Zitronat oder Orangeat, fein gehackt

1. Die Pflaumen waschen und mit Küchenkrepp trockentupfen. Die Früchte halbieren und die Kerne entfernen.

2. Das Fruchtfleisch grob zerkleinern und mit dem Zimt und dem Gelierzucker in einen großen Topf geben. Nach Geschmack etwa 1 bis 2 Esslöffel Zitronat oder Orangeat zufügen. Gut miteinander mischen und Aufkochen.

3. Die Mischung laut Anleitung einige Minuten sprudelnd kochen lassen.

4. Nach der Gelierprobe den noch heißen Fruchtbrei in die vorbereiteten Gläser füllen und diese sofort luftdicht verschließen.

Pflaumenmus

5 kg sehr reife Zwetschgen
1 kg Zucker
6–8 Zimtstangen
nach Belieben: Sternanis oder
auch Nelke

1. Die gewaschenen und abgetropften Zwetschgen halbieren, entsteinen und in einen großen Kochtopf geben. Etwas Wasser dazugeben und die Pflaumen weich kochen.

2. Die Pflaumen in die Saftpfanne des Backofens umfüllen, dann die Zimtstangen und 200 g Zucker untermischen. Die Saftpfanne auf die mittlere Schiene des Ofens schieben, und die Zwetschgen bei 150 °C etwa 30 Minuten eindicken lassen. Dabei nicht rühren!

3. Nun weitere 200 g Zucker unterrühren – wieder eindampfen lassen. Dies wiederholen, bis der gesamte Zucker verbraucht ist. Dann das Mus weiterschmoren lassen, bis die Masse richtig zähflüssig ist.

4. Die Zimtstangen herausnehmen – falls auch mit Sternanis und Nelke gewürzt wurde, auch diese herausnehmen. Das Mus in saubere Gläser oder Steinguttöpfe abfüllen und gut verschließen.

TIPP

Hände weg von frühen Pflaumen- oder frühen Zwetschgensorten! Für dieses Pflaumenmus sind sie denkbar ungeeignet, weil sie durch das Erhitzen sehr sauer werden. Damit sich die Arbeit lohnt, sollten Sie für dieses Rezept immer nur sehr reife Spätzwetschgen verwenden.

TIPP

*Würzen Sie die Prei-
selbeerkonfitüre mit
einem Schuss Gin
und etwas abgeriebe-
ner Schale von einer
Zitrone oder Orange.*

*Die leuchtend roten
Beeren der immer-
grünen Preiselbeer-
pflanze findet man
in trockenen Nadel-
wäldern von August
bis September.*

Preiselbeerkonfitüre, roh gerührt

500 g Preiselbeeren
500 g Honig

1. Die Preiselbeeren verlesen, behutsam waschen und gut abtropfen lassen.

2. Die Beeren im Mixer oder mit einem Pürierstab zermu-sen, dabei den Honig porti-onsweise dazugeben. So lan-ge rühren, bis man eine ho-mogene, zähe Masse erhält.

3. In Schraubdeckelgläser fül-len und luftdicht verschließen.

Preiselbeerkonfitüre mit Orangen

*2 unbehandelte Orangen (Saft
und Schale)*
3 El Zucker
600 g Preiselbeeren
600 g Zucker

1. Die Orangen mit heißem Wasser waschen, mit Küchen-krepp trocknen. Die Früchte sehr dünn schälen, dabei das Weiße der Schale vermeiden – es schmeckt bitter.

2. Die Schalen in sehr feine Streifen schneiden und eine Orange auspressen.

3. Die 3 Esslöffel Zucker in ei-ner Pfanne schmelzen lassen, bis er hellbraun wird. Dann die Orangenschalenstreifen hinzugeben und leicht kara-mellisieren lassen.

4. Die karamellisierten Strei-fen mit dem Saft einer ausge-pressten Orange ablöschen und so lange rühren, bis kei-ne Zuckerklümpchen mehr vorhanden sind. Abkühlen.

5. Die Preiselbeeren verlesen, abbrausen und abtropfen las-sen. In einen großen Kessel geben und leicht mit einem Kartoffelstampfer zerdrücken.

6. Den Zucker und die kara-melisierten Orangenschalen (mit Saft) zufügen, gut vermi-

schen und alles unter Rühren so lange kochen, bis die Masse zu gelieren beginnt.

7. Die fertige Konfitüre noch heiß in saubere Gläser einfüllen und luftdicht verschließen.

Quitten-Apfel-Konfitüre nach algerischer Art

5 kg Quitten
2 kg Äpfel
5 kg feiner Zucker

1. Den Flaum von den Quitten mit einem Tuch abreiben. Die Früchte waschen, trocknen und in grobe Stücke schneiden. Die Kerngehäuse entfernen, aufheben und in ein Musselinsäckchen geben.

2. Die Quittenstücke in etwas Wasser ungefähr 30 Minuten weich kochen. In ein Sieb geben und den Saft auf-

fangen. Aus den weich gekochten Quitten einige noch festere Stücke auswählen und beiseite legen.

3. Die gewaschenen Äpfel vierteln, die Kerngehäuse entfernen, weich kochen. Den Fruchtbrei durch ein Sieb streichen und den Saft auffangen.

4. Quitten- und Apfelsaft zusammen mit den ausgewählten Quittenstücken abwiegen. Je 500 g Frucht und Saft 375 g Zucker zugeben. Das Musselinsäckchen mit den Quittenkerngehäusen dazulegen.

5. Alles bei mittlerer Hitze langsam zum Kochen bringen, dabei vorsichtig umrühren. Die Konfitüre ist fertig, wenn die Gelierprobe gelingt.

6. Noch heiß in die Gläser geben. 1 Tag offen stehen lassen, erst dann verschließen.

TIPP

Die Kerngehäuse der Quitten enthalten besonders viel Pektin und werden daher zur Unterstützung des Gelierprozesses benötigt. Sie können natürlich auch Gelierhilfen wie Pulver oder auch Gelierzucker verwenden.

Man nehme – aus Omas Rezeptsammlung

Quittenmarmelade

Schneide aus den Quitten das Kernhaus, schäle sie und zerschneide sie der Länge nach in mehrere Theile, koche sie in Wasser weich und kurz ein, streiche sie durch und lasse das Durchgestrichene, unter langsamem Rühren, dick einkochen. Auf jedes Pfund thue 3/4 Pfund geläuterten und dick eingekochten Zucker und laß es damit noch ein wenig kochen. Diese Marmelade wird in Gläser gethan und solche zugebunden.

(aus: Supp', Gemüs' und Fleisch.
Ein Kochbuch für bürgerliche Haushaltungen, Darmstadt, 1872)

TIPPS

Quitten besitzen einen relativ hohen Pektingehalt, daher brauchen Sie zum Einkochen eigentlich nur „normalen" Zucker. Möchten Sie jedoch die Kochzeit verkürzen, können Sie selbstverständlich auch Gelierzucker verwenden.

Aus den Rückständen vom Entsaften der Quitten können Sie leckeres Quittenbrot herstellen: Die Masse durch ein Sieb streichen, mit Zucker (1:1) vermischen und bei kleiner Hitze zu einem Mus einkochen. Den Mus zentimeterdick auf ein Backblech streichen und bei leicht geöffneter Ofentür und kleinster Hitze eintrocknen lassen. In Rhomben schneiden, nach Belieben in Hagelzucker wälzen und trocken aufbewahren.

Quittengelee mit Weißwein

1,5 kg Quitten
750 ml trockener Weißwein
1,5 kg Zucker

1. Die Quitten mit einem Tuch gründlich abreiben, um den feinen Flaum auf den Früchten zu entfernen. Dann die Quitten waschen, mit der Schale achteln, dabei Blüten und Stiele entfernen.

2. Die Quittenstücke mit etwa 1 l Wasser und dem Weißwein in einen Topf geben und etwa $1/2$ Stunde weich kochen. Abkühlen lassen.

3. Ein Sieb mit einem Mulltuch auskleiden und über eine Schüssel stellen. Die Quitten in das Sieb geben und den Saft über Nacht abfließen lassen.

4. Am nächsten Tag die Tuchspitzen zusammenbinden und das Quittenmus noch einmal auspressen. Vorsicht, nicht zu stark, damit nicht zu viel vom Trester in den Saft gelangt, der das Gelee trüben würde.

5. Den Saft abmessen und mit der entsprechenden Menge Zucker (1:1) in einem weiten Topf zum Kochen bringen. Dabei immer wieder den Schaum abschöpfen und das Rühren nicht vergessen.

6. So lange sprudelnd kochen lassen, bis die Gelierprobe fest wird. Das kann bis zu 45 Minuten dauern.

7. Das fertige Gelee heiß in die Gläser füllen. Diese rasch verschließen.

Omas Renekloden-Himbeer-Konfitüre

1 kg Renekloden
500 g Himbeeren
1 kg Zucker
1 Zitrone (Saft)

1. Die gewaschenen Renekloden gut abtropfen lassen. Dann halbieren und entsteinen. Große Früchte etwas zerkleinern.

2. Die Himbeeren verlesen und pürieren. Wer die kleinen Steinchen nicht mag, streicht die Himbeeren durch eine Flotte Lotte.

3. Nun das Himbeermark mit den Renekloden aufkochen und 5 Minuten unter stetem Rühren weiterkochen lassen. Große Reneklodenstücke eventuell mit dem Kartoffelstampfer zerdrücken.

4. 500 g des Zuckers einstreuen und untermischen. Erneut aufkochen, danach den übrigen Zucker hinzufügen. Zum Schluss den Zitronensaft unterrühren.

5. Die Konfitüre ist fertig, wenn sie zu gelieren beginnt. In Gläser abfüllen und sofort verschließen.

Variation
Verfeinern Sie diese Konfitüre mit 2 Esslöffeln Himbeergeist.

Rhabarber-Aprikosen-Konfitüre

200 g getrocknete Aprikosen
800 g Rhabarber
1 kg Gelierzucker

1. Die Aprikosen in kleine Würfel schneiden und über Nacht in etwa 500 ml Wasser einweichen.

2. Den Rhabarber waschen, putzen und in zentimeterlange Stücke schneiden. Mit dem Gelierzucker mischen und über Nacht abgedeckt Saft ziehen lassen.

3. Am nächsten Tag die Aprikosen aufkochen und auf kleiner Flamme etwa 5 Minuten köcheln. Abkühlen lassen.

4. Dann die Aprikosen zusammen mit der Kochflüssigkeit zum Rhabarber-Gelierzucker-Gemisch geben und alles gut mischen. Das Ganze zum Kochen bringen, etwa 4 Minuten lang sprudelnd kochen lassen. Die Konfitüre ist fertig, wenn sie zu gelieren beginnt.

5. Den Topf vom Herd nehmen, den Schaum abschöpfen und die Konfitüre randvoll in die Gläser füllen – gut verschließen. Gläser mit Schraubdeckelverschluss für etwa 5 Minuten auf den Kopf stellen.

TIPP

Die süßesten Aprikosen erhalten Sie leider erst, wenn die Rhabarbersaison schon zu Ende ist. Planen Sie vor und frieren Sie eine entsprechende Menge geputzten Rhabarber ein.

Eine gelungene Kombination, die schnell zur Lieblingskonfitüre werden kann: Die Säure des Rhabarbers harmoniert bestens mit der Süße der getrockneten Feigen und fängt diese angenehm auf.

Rhabarber-Feigen-Konfitüre

125 g getrocknete Feigen
125 ml roter Portwein
350 g Rhabarber
500 g Gelierzucker

1. Die Feigen vierteln, den Stielansatz entfernen und für einige Stunden in dem Portwein einweichen.

2. Den Rhabarber waschen, putzen und in zentimeterlange Stücke schneiden.

3. Die Feigen mit der Einweichflüssigkeit, den Rhabarberstücken und dem Gelierzucker vermengen und abgedeckt über Nacht stehen lassen.

4. Am nächsten Tag alles zum Kochen bringen, 4 Minuten sprudelnd kochen lassen.

5. Nach gelungener Gelierprobe die Konfitüre noch heiß in die vorbereiteten, sauberen Gläser füllen und diese sofort verschließen.

Rhabarberkonfitüre mit Himbeeren

1,5 kg Rhabarber
250 g Himbeeren
1,25 kg Zucker
1 unbehandelte Zitrone
(Schale)

1. Den Rhabarber waschen, putzen und in kleine Stücke schneiden.

2. Die Himbeeren verlesen, möglichst nicht waschen.

3. Rhabarber und Himbeeren in einen Kochtopf geben und langsam auf mittlerer Hitze zum Kochen bringen. Ständig rühren, damit nichts am Topfboden ansetzt.

4. Nun den Zucker in die kochende Fruchtmasse einrühren.

5. Die Zitronen dünn, spiralenförmig schälen, und die Schale zur Konfitüre geben. Das Ganze unter ständigem Rühren etwa 5 Minuten kochen. Falls nötig, den Schaum abschöpfen.

6. Etwas Konfitüre zur Gelierprobe auf einen Teller geben.

7. Die Zitronenschale herausnehmen und die fertige Konfitüre noch heiß in die vorbereiteten Gläser füllen. Sofort verschließen.

Sanddornkonfitüre mit Marillenlikör

250 g Sanddorn
250 g Gelierzucker
2 cl Marillenlikör

1. Die Sanddornbeeren verlesen, waschen und noch roh durch ein Sieb streichen.

2. Das Fruchtmark abwiegen und die gleiche Menge Gelierzucker dazugeben. Alles über Nacht zugedeckt, Saft ziehen lassen.

3. Am nächsten Tag aufkochen und laut Anleitung kräftig sprudelnd kochen lassen. Die Konfitüre ist fertig, wenn der Fruchtbrei zu gelieren beginnt.

4. Den Kochtopf vom Herd nehmen, den Marillenlikör unterrühren und die Konfitüre heiß in kleinere Gläser füllen.

TIPP

Die Rhabarberkonfitüre gelingt auch bestens mit tiefgekühlten Himbeeren.

Sauerkirsch-Himbeer-Konfitüre

1 kg Sauerkirschen
500 g Himbeeren
1,5 kg Gelierzucker

1. Die Kirschen waschen, gut abtropfen lassen. Die Stiele abzupfen und die Kirschen entsteinen. Große Früchte eventuell halbieren.

2. Die Himbeeren verlesen, möglichst nicht waschen.

3. Die Früchte mit dem Gelierzucker vermischen, in eine große Schüssel geben und über Nacht zugedeckt stehen lassen.

4. Am nächsten Tag alles zum Kochen bringen und nach Anleitung wenige Minuten sprudelnd kochen lassen. Trotzdem eine Gelierprobe vornehmen – Kirschen enthalten nur wenig Pektin, das kann die Kochzeit verlängern.

5. Die Konfitüre noch heiß in die vorbereiteten Gläser randvoll einfüllen. Die Gläser sofort mit Twist-off-Deckeln verschließen und für 5 Minuten kopfüber auf die Deckel stellen.

Sauerkirsch-Renekloden-Konfitüre

700 g Sauerkirschen
700 g Renekloden
500 g Diät-Gelier-Fruchtzucker

1. Die Sauerkirschen waschen, auf einem Sieb abtropfen lassen. Dann die Stiele abzupfen und die Kirschen entsteinen.

2. Die Renekloden waschen, mit Küchenkrepp trocknen, halbieren und entsteinen. Größere Früchte noch etwas zerkleinern.

3. Etwa die Hälfte der Kirschen und der Renekloden mit einem Kartoffelstampfer zerdrücken.

4. Die Früchte, den Fruchtbrei und den Diät-Gelierzucker vermischen und zum Kochen bringen. Mindestens 3 Minuten sprudelnd kochen lassen. Mit der Gelierprobe überprüfen, ob die Konfitüre fest wird.

5. Die fertige Konfitüre heiß in Gläser füllen. Mit Twist-off-Deckeln verschließen und 5 Minuten auf den Kopf stellen.

Variation
Diese Konfitüre ist für Diabetiker geeignet, lässt sich aber genauso gut mit anderen Zuckerarten und Gelierhilfen herstellen.

Schlehen-Apfel-Konfitüre

1 kg Schlehen (geputzt)
250 ml trockener Weißwein
500 g säuerliche Äpfel
1 unbehandelte Zitrone (Schale)
1 kg Gelierzucker

1. Die Schlehen verlesen, vorsichtig waschen, in dem Wein weich dünsten und durch ein Sieb passieren. 600 g davon abwiegen.

2. Die Äpfel schälen, vierteln, die Kerngehäuse sorgfältig herausschneiden und im Mixer pürieren oder sehr fein würfeln.

3. Das Schlehenpüree mit dem Apfelmus und der abgeriebenen Zitronenschale in einem großen Kessel vermischen, den Gelierzucker dazugeben und alles über Nacht ziehen lassen.

4. Am nächsten Tag alles zum Kochen bringen – Rühren nicht vergessen – und nach etwa 4 Minuten eine Gelierprobe vornehmen.

5. Die fertige Konfitüre in Gläser abfüllen und diese gut verschließen.

Variation
Ersetzen Sie den Weißwein durch Apfelsaft und runden Sie die Konfitüre mit 4 cl Calvados ab.

Schlehengelee

pro 750 ml Schlehensaft
1 kg Gelierzucker

1. Die Früchte vorsichtig waschen und abtropfen lassen. Entweder mit einem Dampfentsafter entsaften oder mit Wasser bedeckt etwa 15 Minuten lang gut durchkochen. Dann durch ein Safttuch geben. Zum Schluss die Früchte auspressen.

2. Den Saft abmessen und kalt mit der entsprechenden Menge Gelierzucker vermischt zum Kochen bringen. Einige Minuten sprudelnd kochen lassen. Gelierprobe vornehmen.

3. Noch heiß in die vorbereiteten Gläser einfüllen und mit Einmachzellophan oder mit Twist-off-Deckeln verschließen.

Die dunkelblauen, kugeligen Schlehen finden Sie an den dornenbewehrten Sträuchern, die treffend auch Schwarzdorn genannt werden. Geerntet werden sie nach dem ersten Frost. Sie enthalten verschiedene Mineralstoffe, Phosphate und Gerbstoffe. Neben Saft und Konfitüre stellt man auch Liköre und Weine aus ihnen her.

„Schwäbisches G'sells"

300 g grüne Stachelbeeren

350 g rote Träuble (Johannisbeeren)

350 g Himbeeren oder Brombeeren

500 g zuckersparender Gelierzucker

Diese aus dem Schwabenländle stammende Konfitüre wird üblicherweise aus Stachelbeeren, Johannisbeeren und Himbeeren zubereitet. Welche Sorten Sie wählen – das ist ganz Ihren persönlichen Vorlieben überlassen.

1. Die Stachelbeeren, die Johannisbeeren und die Himbeeren oder Brombeeren (falls verwendet) waschen und auf einem Sieb abtropfen lassen. Von den Stachelbeeren Blütenansätze und Stiele entfernen und die Früchte halbieren.

2. Die Johannisbeeren mit einer Gabel von den Rispen streifen.

3. Die Himbeeren möglichst nicht waschen, nur verlesen. Himbeeren und Johannisbeeren mit einer Gabel leicht zerdrücken.

4. Die Früchte zusammen mit dem Gelierzucker in einen goßen Topf füllen, gut mit einander vermischen und aufkochen lassen. Ab Kochzeitpunkt laut Angaben einige Minuten sprudelnd kochen lassen. Gelierprobe nicht vergessen.

5. Die fertige Konfitüre in die vorbereiteten Gläser einfüllen und diese sofort verschließen. Gläser mit Schraubdeckelverschluss für 5 Minuten auf den Kopf stellen.

Stachelbeerkonfitüre mit Kräuterlikör

1 kg reife Stachelbeeren
1 kg Gelierzucker
8 cl Kräuterlikör

1. Die Stachelbeeren waschen, auf einem Sieb abtropfen lassen, von Stielen und Blütenansätzen entfernen und je nach Größe halbieren oder vierteln.

2. Die Beeren in eine Schüssel geben und mit einem Kartoffelstampfer zerdrücken. Dann mit dem Gelierzucker vermischen und abdeckt mindestens 12 Stunden, am besten über Nacht, Saft ziehen lassen.

3. Die Zucker-Fruchtmasse aufkochen und nach Anleitung einige Minuten sprudelnd kochen lassen.

4. Den Topf vom Herd nehmen, den Kräuterlikör hinzufügen und gut unterrühren.

5. Die fertige Konfitüre in die Gläser füllen und sofort mit Schraubdeckel verschließen. Für etwa 5 Minuten auf den Kopf stellen.

Variation
Neben einem Kräuterlikör eignet sich auch der leicht herbe Gin zum Verfeinern dieser Stachelbeerkonfitüre.

Stachelbeer-Himbeer-Konfitüre mit Schwips

700 g grüne Stachelbeeren
700 g Himbeeren
500 g Diät-Gelierfruchtzucker
1 Vanilleschote (Mark)
2 cl Himbeergeist

1. Die Stachelbeeren waschen, abtropfen lassen. Die Stielchen sowie Blütenansätzen abschneiden und die Beeren halbieren. Große Früchte eventuell vierteln.

2. Die Himbeeren möglichst nicht waschen, nur vorsichtig verlesen und zu den Stachelbeeren geben.

3. Den Gelierzucker zu den Früchten geben, gut vermischen und abgedeckt mindestens 3 Stunden Saft ziehen lassen.

4. Das Mark aus der Vanilleschote schaben und der Masse zufügen. Alles zum Kochen bringen und laut Packungsanleitung kurz sprudelnd kochen.

5. Die fertige Konfitüre vom Feuer nehmen und den Himbeergeist dazugießen und gut umrühren.

6. Abschließend die Konfitüre noch heiß in die vorbereiteten Gläser füllen und sofort verschließen.

TIPP
Stachelbeeren, besonders noch grüne, enthalten relativ viel Pektin, sodass Sie auf zusätzliche Gelierhilfen verzichten können.

Stachelbeer-Kirsch-Konfitüre mit Agar-Agar

250 g Stachelbeeren
250 g Kirschen
1/2 Zitrone (Saft und Schale)
1 1/2 Tl Agar-Agar
100 ml Honig

TIPP

Minze hat einen intensiven Geschmack, daher sparsam zufügen!

1. Die Stachelbeeren waschen, abtropfen lassen und von den kleinen Stielchen und Blättchen befreien. Große Früchte halbieren und im Mixer zerkleinern.

2. Von den gewaschenen Kirschen die Stiele abzupfen und die Früchte entsteinen.

3. Das Agar-Agar mit dem Zitronensaft und der Hälfte der Stachelbeeren verrühren.

4. Die restlichen Früchte in einen großen Topf füllen, den Honig unterrühren, dann nach und nach die Agar-Agar-Mischung dazugeben und unter Rühren aufkochen.

5. Etwa 2 Minuten heftig kochen lassen, dann die Konfitüre sofort in Gläser füllen. Diese sofort verschließen und auf den Kopf stellen. Die Gelierung mit Hilfe des Agar-Agar kann einige Tage dauern. Lassen Sie deshalb die Gläser mindestens 12 Stunden ruhig stehen, sie sollten nicht bewegt werden.

Stachelbeer-Kiwi-Weintrauben-Konfitüre

500 g Stachelbeeren
3 Kiwis (gut 200 g)
300 g grüne Weintrauben
500 g zuckersparender Gelierzucker
1 El Zucker
etwas Minze, fein gehackt

1. Die Stachelbeeren waschen, gut abtropfen lassen. Dann die Stiel- und Blütenansätze entfernen und die Beeren je nach Größe halbieren oder vierteln.

2. Die Weintrauben waschen, abtropfen lassen, von den Rispen lösen und halbieren. Kerne entfernen.

3. Alle Früchte in einen großen Topf geben, mit dem Kartoffelstampfer leicht zerdrücken, den Gelierzucker unterrühren und alles kurz ziehen lassen.

4. In der Zwischenzeit die Kiwis schälen, in Scheiben schneiden und in einem kleinen Topf mit Zucker bestreuen. 5 Minuten stehen lassen, bis sich etwas Saft gebildet hat, dann einmal kurz aufkochen.

5. Die Kiwischeiben zu den anderen Früchten geben und vermischen. Unter Rühren die

Masse zum Kochen bringen und gemäß der Packungsanleitung wenige Minuten sprudelnd kochen lassen.

5. Den Topf vom Herd nehmen und die gehackte Minze unterrühren. Dann die Konfitüre noch kochend heiß in die vorbereiteten Gläser füllen und verschließen.

Stachelbeeren sind im Juli am schönsten, wenn das Angebot an Kiwis und Weintrauben noch recht spärlich ist. Frieren Sie im Sommer eine entsprechende Portion ein.

Tomatenkonfitüre nach tunesischer Art

1 kg grüne Tomaten
850 g Zucker
1 Zitrone (Saft)
1 Vanillestange oder
1 Päckchen Vanillezucker

1. Die gewaschenen Tomaten vierteln. Mit dem Zucker vermischen und für mindestens 12 Stunden, am besten über Nacht, einweichen lassen.

2. Die Tomaten mit dem gezogenen Saft in einen großen Topf geben. Den Zitronensaft dazugeben und alles bis zum Gelieren auf kleiner Flamme kochen.

3. Die noch heiße Konfitüre in die vorbereiteten Gläser füllen und erst am darauf folgenden Tag verschließen.

Variation
Würzen Sie die Tomatenkonfitüre mit Vanille oder mit fein geraspelter Zitronenschale.

TIPP

Probieren Sie diese Tomatenkonfitüre einmal als nicht alltägliche Beilage zu Fondue oder gegrilltem Fleisch.

TIPP

Nicht jedermanns Sache sind die vielen kleinen Kernchen im „Viererlei", dieser ansonsten sehr schmackhaften und fruchtigen Konfitüre. Passieren Sie die Johannisbeeren und Stachelbeeren durch ein feinmaschiges Sieb oder durch die Flotte Lotte und halten Sie so wenigstens einen großen Teil der Kerne zurück.

Fruchtaufstrich aus Trockenfrüchten

etwa 250 g Trockenfrüchte, gemischt nach Wahl
1 Zitrone (Saft)

1. Die Trockenfrüchte klein schneiden und mit Wasser bedeckt über Nacht einweichen lassen.

2. Die eingeweichten Früchte mit dem Mixer zu einer homogenen Masse pürieren. Mit dem Zitronensaft würzen.

3. In Twist-off-Gläser füllen. Im Kühlschrank aufbewahrt, hält der Fruchtaufstrich sich etwa 14 Tage.

„Viererlei"-Beerenkonfitüre

300 g Stachelbeeren (rote und grüne)
250 g rote Johannisbeeren
150 g Erdbeeren
300 g Himbeeren
500 g zuckersparender Gelierzucker

1. Bis auf die Himbeeren – diese nur vorsichtig verlesen – alle Früchte waschen und zum Abtropfen auf ein Sieb geben.

2. Die Stachelbeeren von Blütenansätzen und Stielchen befreien und halbieren. Große Früchte unter Umständen vierteln.

3. Die Johannisbeeren von den Rispen streifen.

4. Stachelbeeren und Johannisbeeren mit dem Kartoffelstampfer zerdrücken oder auch im Mixer (z.B. Moulinette) zerkleinern.

5. Von den Erdbeeren das Grün abzupfen.

6. Das Fruchtmark, die Erdbeeren, die Himbeeren und den Gelierzucker gründlich miteinander vermischen. Das Ganze zum Kochen bringen und laut Anleitung unter stetem Rühren einige Minuten sprudelnd kochen.

7. Wenn die Gelierprobe fest wird, die Konfitüre in Gläser einfüllen und am besten mit Twist-off-Deckeln verschließen. Die Gläser für etwa 5 Minuten kopfüber stehen lassen.

Weintrauben-Sekt-Gelee

1 kg blaue Weintrauben
500 g Stachelbeeren
250 ml Sekt
1 unbehandelte Zitrone
(Saft und Schale)
500 g zuckersparender Gelierzucker
4 cl Weinbrand
2 cl Johannisbeerlikör
4–5 Tropfen Bittermandelöl

1. Die Weintrauben und die Stachelbeeren waschen, auf einem Sieb abtropfen lassen und putzen. Zerkleinern und in dem Sekt etwa 15 Minuten auf kleiner Flamme köcheln.

2. In der Zwischenzeit die Zitrone hauchdünn schälen, das Weiße der Schale entfernen und die Schale in sehr feine Streifen schneiden. Die Frucht auspressen.

3. Nun die weich gekochten Trauben und Stachelbeeren durch ein Haarsieb streichen.

4. Diese Masse mit dem Zitronensaft und der Zitronen-schale sowie dem Gelierzucker in einem Topf mischen und aufkochen. Ab Kochzeitpunkt gemäß Anleitung brausend kochen lassen.

5. Den Topf vom Herd nehmen und den Weinbrand, den Johannisbeerlikör und das Bittermandelöl unterrühren.

6. Das fertige Gelee heiß in die vorbereiteten Gläser einfüllen und diese fest verschließen.

TIPP

Vorsicht mit dem Bittermandelöl. Es schmeckt leicht hervor und könnte das harmonische Geschmacksgleichgewicht dieses Gelees schnell stören.

Zitronenmarmelade

6–8 unbehandelte Zitronen
(etwa 500 g Fruchtfleisch)
1,5 kg Gelierzucker

TIPP

Eventuell noch unter den Schalen sitzendes Weißes unbedingt von den Zitronenschalen abschaben – das macht die Marmelade sonst bitter.

1. Die Zitronen heiß abwaschen und abtrocknen. Von 4 Zitronen die Schale dünn abschälen, in sehr feine Streifen schneiden und in 1 l Wasser etwa 15 Minuten kochen.

2. In der Zwischenzeit die restlichen Zitronen schälen, halbieren, dabei die Kerne, alles Weiße und die Trennhäutchen entfernen. Das Fruchtfleisch mit dem Mixer oder der Küchenmaschine zerkleinern und zu den gekochten Schalen geben.

3. Den Zucker daruntermischen und alles zum Kochen bringen. Kurz nach Anleitung kräftig sprudelnd kochen lassen. Die Gelierprobe sollte schon jetzt gelingen.

4. Die Marmelade heiß in vorbereitete Gläser füllen und verschließen.

Zitrusmix

200 g Mandarinen
500 g Orangen
500 g Grapefruit
250 g Zitronen
(alle Früchte, geschält und enthäutet)
1 Beutel Gelierpulver
1 kg Zucker
2 cl Orangenlikör

1. Alle Früchte schälen. Die Mandarinen in Spalten teilen und diese halbieren. Alle anderen Früchte filetieren, die Häutchen abziehen und anschließend das Fruchtfleisch (vorher abwiegen) im Mixer grob zerkleinern.

2. Die Früchte in einen Kochtopf geben. Vom Zucker etwa 3 Esslöffel abnehmen und mit dem Gelierpulver mischen, dann unter die Fruchtmasse rühren. Alles zum Kochen bringen.

3. Sobald alles kräftig sprudelnd kocht, den restlichen Zucker einrühren und das Ganze erneut aufkochen.

4. Nach Packungsanleitung wallend kochen lassen und nach der Gelierprobe noch heiß in die sauberen Gläser abfüllen. Diese gut verschließen. Gläser mit Schraubdeckelverschluss für 5 Minuten kopfüber auf die Deckel stellen.

Zwetschgen-Apfel-Birnen-Gelee

1 kg Zwetschgen
500 g Äpfel
500 g Birnen
2 kg Gelierzucker
1 Zimtstange
2 Lorbeerblätter
1 Zitrone (Saft)

1. Die Früchte waschen, gut abtropfen lassen oder mit Küchenkrepp trockentupfen.

2. Die Äpfel und die Birnen vierteln, die Kerngehäuse entfernen und grob zerkleinern. Die Zwetschgen halbieren und entsteinen.

3. Das Obst im Dampfentsafter entsaften.

4. Von dem Saft 1,5 l abmessen, mit der Zimtstange, den Lorbeerblättern und dem Zitronensaft und dem Gelierzucker in einen großen Kochtopf geben. Alles gut miteinander vermischen und aufkochen.

5. Einige Minuten sprudelnd kochen lassen. Das Gelee ist fertig, wenn der Saft zu gelieren beginnt. Dann den Schaum abschöpfen und abschließend die Zimtstange und die Lorbeerblätter herausnehmen.

6. Noch kochend heiß in kleinere Gläser füllen und mit entsprechend vorbereitetem Einmachzellophan gut verschließen.

TIPP

Wer keinen Dampfentsafter sein Eigen nennt, kann nach der traditionellen Methode entsaften: die Früchte weich kochen, in ein Safttuch geben und den Saft auffangen.

Literatur

Alföldi-Rosenbaum, Elisabeth (übersetzt und erläutert):
Das Kochbuch der Römer.
Aus der „Kochkunst des Apicius".
Zürich 1970. Ausgabe Wissenschaftliche Buchgesellschaft 1995

Apicius, Marcus Gavius:
Über die Kochkunst.
Das römische Kochbuch des Apicius.
Stuttgart, 1997

Davidis, Henriette:
Praktisches Kochbuch für die gewöhnliche und feinere Küche.
Bearbeiteter Reprint (Hensch, Kurt) der Originalausgabe von 1844.
Leipzig, 1998

Degener, Dr. Paul:
Zur Frage der Jam- und Marmelade-Industrie sowie des Zuckerverbrauchs in England (Arbeiten der Deutschen Landwirtschafts-Gesellschaft Heft 44).
Berlin, 1899

Dumont, Cédric:
Kulinarisches Lexikon.
Bern, 1997

Ehlert, Trude:
Das Kochbuch des Mittelalters.
Zürich, München, 1991

Franke, Wolfgang:
Nutzpflanzenkunde. Stuttgart, 1981

Hajek, Hans (Hrsg.):
Daz buoch von guoter spîse.
Berlin 1958, neu nach Handschrift in München UB Cod. ms 731

Herbstreith & Fox:
Die Spezialisten für Pektin.
Fachbroschüre. Neuenbürg, 1996

Herbstreith & Fox:
Konfitüren, Gelees und Marmeladen.
Fachbroschüre. Neuenbürg, 1996

Lehninger, Albert L.:
Biochemie. Weinheim, 1979

Nultsch, Werner und Grahle, Annelise:
Mikroskopisch-Botanisches Praktikum.
Stuttgart, 1974

Ryff, Hermenius Gualtherus:
Confectbuch und Hauß-Apoteck.
Frankfurt/M., 1584

Schnurr, Balthasar:
Kunst-, Hauß- und Wunderbuch.
Frankfurt/M., 1657

Serres, Oliver de:
Le Théâtre d'Agriculture.
Paris, 1619.

Supp', Gemüs' und Fleisch. Ein Kochbuch für bürgerliche Haushaltungen.
Darmstadt, 1872

This-Benckhard, Hervé:
Rätsel der Kochkunst.
Berlin, Heidelberg, 1996

Wiswe, Hans:
Kulturgeschichte der Kochkunst.
München, 1970

Zucker-Museum:
Museumsführer. Berlin, 1989

Register

„Hausgemachte Köstlichkeiten", die neue Ratgeberreihe im Weltbild Buchverlag, richtet sich an alle, die Spaß am Selbermachen haben und Wert auf die natürliche, gesunde Verarbeitung und Haltbarmachung von Nahrungsmitteln legen. „Hausgemachte Köstlichkeiten" greift altbewährte Techniken auf, kombiniert mit pfiffigen, modernen Rezepturen sowie einfachen, praxisnahen Anleitungen.

Bereits erschienen:
Räuchern; Essig, Pickles und Chutneys; Alles mit Kräutern;
Bier selbst gebraut; Würste und Pasteten; 100 würzige Saucen; Einmachen.
Die Reihe wird fortgesetzt.

Das vorliegende Buch ist sorgfältig erarbeitet worden. Dennoch erfolgen alle Angaben ohne Gewähr. Weder Autoren, Mitarbeiter noch Verlag können für eventuelle Nachteile oder Schäden, die aus den im Buch gemachten praktischen Hinweisen resultieren, eine Haftung übernehmen.

Der Text des Buches folgt den neuen Regeln der deutschen Rechtschreibung.

Weltbild Buchverlag
© 1999 Weltbild Verlag GmbH, Augsburg
Alle Rechte vorbehalten.

Titelbild: P.+R. Studio, Helmut Peters, München
Umschlaggestaltung: Lydia Koch, Augsburg
Graphische Gestaltung, Satz und Herstellung: Sofia Flandergan-Reichert, Salzgitter
Producing, Bild- und Textredaktion: BOOKS & MORE, Monika Zilliken, Wiesbaden
Lithoarbeiten: Uhl & Massopust, Aalen
Druck: Offizin Andersen Nexö – ein Betrieb der INTERDRUCK Graphischer Großbetrieb GmbH, Leipzig

Bildnachweis:
Alle Fotos click P, Eppstein außer:
Archiv für Kunst und Geschichte, Berlin: S. 5;
Bildarchiv preußischer Kulturbesitz, Berlin: S. 6;
CMA-Fotoservice, Bonn: S. 47;
Dr. Helga Buchter, Rödersheim: S. 30, 45, 98, 100, 117;
FOOD Archiv, München: S. 67, 97;
NATURFotografie, Frank Hecker, Panten-Hammer: S. 64, 70, 74, 77, 85, 108, 115;
Herbstreith & Fox, Neuenbürg: S. 19, 20 (2), 22, 23, 44;
Pfeifer & Langen, Köln: S. 18, 32, 34, 40, 88, 107, 113;
StockFood, München: /Rosenfeld Ltd.: S. 96;
J. Weck GmbH u. Co, Wehr: S. 52;
Zucker-Museum, Berlin: S. 8, 10, 13, 16, 17.

Printed in Germany

ISBN 3-89604-284-X